中学受験に失敗しない

高濱正伸
Takahama Masanobu

PHP新書

はじめに

中学受験に失敗しない

中学受験での失敗とは何か。それは、合格や不合格そのものではありません。せっかく、中学受験という、自分を高め、成長させる機会を得たはずなのに、それを生かし切れないことです。

たとえば、受験勉強をする中で、上っ面のテクニックばかりを身に付け、「一問に対《たい》峙《じ》し、本当に分かるまでこだわる」という姿勢を育てられなかった。あるいは、成長段階として、本来は高校受験に回るべきだったのに、親の見栄で「バスから降りられなく」なり、無理して中学受験をさせてしまった。こういったケースでは、多くの場合、子どもは自信を失い、中高での「あと伸び」もあまり期待できません。たとえ志望校に合格しても、長い人生から見ると、「中学受験に成功した」とは言えないのです。

また、我が子の不合格を親が引きずると、子どもの自己肯定感は打ち砕かれます。しかし、言い換えれば、不合格という負の局面は、本来、成長のチャンスなのです。そのことを親御さんが分かっていると、不合格をバネにでき、失敗にはならない。

それが、私が考える「失敗しない中学受験」の根幹です。

なぜ中学受験に挑むのか

小学校に入学する時は、ほとんどのご家庭が迷いなく、地元の公立へと進むものです。ところが、中学進学を考える時期（小学校中学年頃）になると、親は公立小学校を選んだ時のように簡単に結論を出せなくなります。

私立の中高一貫校に行けば、一流大学への進学率も良いのではないか。昔ほど学歴重視ではなくなったものの、一流大学に入れば、間違いのない将来が約束されるのではないか。裏を返せば、ここで選び間違えたら、自分が我が子の将来を台無しにしてしまうのではないか。そんな根拠のない焦燥感《しょうそうかん》に駆られやすくなるようです。

私立中学の受験率は、関東エリア（東京・神奈川・埼玉・千葉）では、14・8％（2012年「首都圏模試センター集計」）ですが、都心では5割を超える地域もザラです。そうなると、お母さんたちは取り残されないようにと、我が子をひとまず進学塾に入れたくなります。ほとんどは不安解消のためです。とりわけ第一子の場合、お母さん自身が初めての経験なので、その傾向は強くなるようです。

しかし、私自身の長年の経験から言って、見切り発車で中学受験に向かって上手くいったケースは稀《まれ》です。脅すつもりはありませんが、中学受験の勉強は過酷です。なぜ中学受験をさせるのか？　その動機があやふやなままでは、親も子もとうてい乗り切れるものではありません。

だからこそ、我が子に中学受験をさせようかと迷った時、まずはご夫婦でじっくり話し合ってほしいのです（ひとり親のかたは、もちろんご自身の中で）。

なぜ、中学受験を考えるのか？　なぜ、公立中学を選ばないのか？

中学受験をさせるか否かの判断基準は、子どもが幸せになれるかどうかに尽きます。

このテーマをご夫婦で、ぜひ言語化してみてください。

我が子の幸せはなんだろう？

中学受験をして合格することは、子どもも自分たちも嬉しいこと。しかし、その先は？

あくまで具体的に。良い学校を出たら幸せが保証されるわけではないことは、十分理解なさっていると思います。

親御さんによっては、魅力的な大人になるためには、試練が必要だと思い至る場合もあるでしょう。中学受験を、その最初の試練という位置づけで考えられれば、我が子にとって受験する意味が明確になると思うのです。

私は1993年に「花まる学習会」を立ち上げて以来、20年以上にわたり、子どもたちと向き合ってきました。

おかげさまで、多くの親御さんに支持されているのは、単なる学力向上だけでなく、塾の教育理念が「生きる力を育てる」「メシの食える大人に育てる」といった、勉強の先にある子どもの姿で、その部分に共感が得られているからだと感じています。

主に幼児から小学生を対象にした花まる学習会には、中学受験生・高校受験生を対象にした「スクールFC」があります。むろん、教育理念は同じです。合格を目指しながらも、合否だけに振り回されることなく、**受験期に誠実に勉強する習慣を付けること**で得られる**合格の向こう側にある収穫**を大事に考えています。

収穫とは、我が子の成長と言い換えられるでしょう。

中学受験はやり方次第で、学力面だけにとどまらず、精神面でも子どもを大きく成長させてくれるものです。もとより、中学受験をするかしないか、我が家の方針を固めるためにも、情報は必要です。

本書では、私立中学と公立中学の特徴を見極め、我が子の進路を決定するポイント、さらに、中学受験を決定した場合の心得を多岐にわたり綴《つづ》りました。塾選び、志望校選びなど受験に対する情報だけでなく、受験期のお母さんの心理、お父さんの果たしたい役割などについても詳しくまとめています。

この度は、ご夫婦で繰り返し読んでいただける本を目指しました。不安になったり、迷ったりした時にはまた、本書を開いていただければ嬉しく思います。

中学受験に失敗しない　目次

はじめに

第1章　中学受験に向く子、向かない子

第2章　中学受験を決めたなら

《4年生》受験生活スタート

《6年生》いよいよ受験本番

第3章　中学受験生の母親の心得

第4章 中学受験生の父親の心得

第1章

中学受験に向く子、向かない子

公立中学・私立中学のメリットとデメリット…………

いじめにも即座に対応、競争原理が働く私立中学

私立中学のいいところは、学校間に競争原理が働いている点です。

一般的な民間企業がそうであるように、どの学校も淘汰《とうた》されないよう、顧客満足に焦点が当てられています。学校にとっての顧客とは、生徒でもありますが、おおむね保護者でしょう。ですから、保護者の望むサービスが期待できるわけです。

その1つが、生活面での対応。たとえば、校内でいじめが起きた時の対処の差は、私立と公立では歴然としています。私立中学の対応は、実に敏速なのです。

象徴するエピソードがあります。数年前のこと、「息子が陰湿ないじめにあっている」と、私の塾の卒業生のお母さんから電話がありました。ことの深刻さは、受話器越しにも伝わってくるほどでした。ところが、直接子どもに会って話を聞こうと、翌日、約束の時間を決めるために電話をかけると、「実はもう解決してしまいました！」と、お母

さんの声が弾んでいる。

息子さんが通っていた私立中学では、いじめの事実を担任教師が確認したと同時に、校長に報告。翌朝には校長が緊急全校集会を開き、全校生徒に向かって、真剣に迫力ある演説をしたそうです。

こういう大人の本気は、子どもたちにも伝わります。いじめられていた子は、ある部活に所属していたのですが、先輩が「何かあったら俺らに言えよ」と、即座に味方に付いてくれ、その子自身も周囲の応援で負けるもんかと強くなれた。言うまでもなく、いじめもピタッと収まりました。

短期間で問題を収束させるのは、むろんトップの教育方針もあるでしょうが、悪い噂は私立校にとって死活問題になるからです。「あの学校、いじめが多いらしいよ」と悪評が流れ、受験生が何割か減れば、それだけでも大きな減収です。この手の評判を侮ると、学校自体の運営が立ちゆかなくなることもあるので、問題が起きた時は、傷口が大きくなる前に速やかに対応する。私立校には真剣みがあるわけです。

では、公立中学で同じようにいじめが起きた時の対応は、どうでしょう?

多くの場合、解決するための必死さに欠け、ことなかれ主義のように感じます。

公立中学に通う子どものお母さんから、何度となくいじめの相談を受けたことがあります。しかし、学校サイドは、1年にもわたり、逃げたり、問題を隠したりを続けていました。問題がないことを良いとする風潮があるからですが、その結果、いじめが深刻化して、取り返しがつかなくなる事件が相次いでいることは、ご存じの通りです。

もちろん公立の教師の中にも筋の通った先生はいます。が、私立と違い、公立校の教師を評価するのは、保護者ではなく教育委員会です。ここでは、問題を起こさないことこそ優秀な学校、優秀な教師と判断されるため、どうしても「ことなかれ」になってしまう。公立の仕組み自体を変えないと、何も変わらないという印象を受けます。

大学入試を考えると私立中高一貫校が有利

競争原理が働いているので、**学習面においても私立校はきめ細やか**です。

ほとんどの中高一貫校で、大学進学を意識したカリキュラムが組まれており、高校3年生の1年間は受験に特化した勉強をします。授業内容も、知的好奇心を刺激するように工夫を凝らす学校が、特に新設校や二番手校と呼ばれる学校で多く見受けられます。私立校は現役での大学合格に力を入れているので、中には予備校化して、ギスギスした雰囲気をもつ学校もありますが、それもひとえに顧客満足度を高めるため。保護者のニーズの大きなポイントが、大学の進学実績にあるので、学校サイドはそこに力を注ぐわけです。

また、人気大学への入学者数、いわゆる「出口」の数字が良ければ、新たな入学希望者を引き寄せます。生き残るためにも、大学への合格実績は必須なので、日々の小テストに、個別補習、予備校並みの補習授業など、生徒の学力アップに余念がありません。

中学受験をする際、上位校に合格できず、中堅下位校に行くくらいなら、地元の公立中学に行っても同じではないか、と考える人も多いようですが、たとえ偏差値40台の私立中学でも、特進クラスなどに入ると、優秀な教師が手厚く指導してくれます。こういった**特別待遇は、上位校よりむしろ中堅下位校のほうが徹底**しており、学力を伸ばす環境が整いやすくなります。中堅下位校にとって、出口の数字を良くしてくれそうな優秀な生徒は、文字通り宝物ですから大事に育ててくれるのです。

では、公立中学はどうでしょうか。

学校長が「勉強は塾で」と、きっぱり言ってしまう時代ですから、高校受験を考える上で、学校の授業にはあまり期待しないほうが良さそうです。

授業時間そのものを見ても、私立中学3年間の平均授業時間数、約3800時間に対し、公立中学は「ゆとり教育」改定後でも、3045時間と、まだまだ少ない（2012年「新学習指導領域」より）。

その上、教師自身はたとえ教え方が下手でも、公務員ですからクビにならない。私立校と違い、顧客評価にさらされていないために、どうしても授業の工夫を怠りがち。高校の進学実績が振るわなくても、きちんと給料が支払われる。

このような環境では、教師から情熱や必死さが奪われてしまうのも、無理からぬ話です。

骨太な子が育つ公立校

とはいえ、公立校ならではの良さもあります。特に、公立高校に目を向けると、粗削りな気骨を在校生や出身者に感じることがあります。

私立の中高一貫校の場合、高校２年生の秋の文化祭を境に、ほとんどの生徒は部活を引退。受験勉強に専念します。

ところが、公立高校の多くは、高校３年生になっても本人が希望すれば部活を継続できます。それも、上位校であるほどこの傾向は強くあります。

私自身も、郷里の熊本で県立熊本高校に通い、野球部に所属していました。ポジションは外野とリリーフピッチャー。高校３年生まで続けました。大学入試のために部活を辞めるなんてありえない、という気合いを高校３年生の部員全員が持っていたように思います。

私の教え子で埼玉県立・浦和高校のラグビー部で活躍していた子がいます。彼も高校３年生で県大会の決勝に進みました。高校ラガーマンの甲子園・花園へ行くことを目標に頑張っていたのです。もし勝ち進んで、花園行きが決まれば、試合は12月～翌１月。大学入試どころではなくなり、浪人も覚悟しなければなりません。それでも迷いなんかない。戦い続けるわけです。

長い人生の1年、2年を受験浪人として棒に振っても、どうということはない。そういう泥臭い気骨が、公立高校の運動部にはあって、骨太な子どもを育てています。

大手企業のトップとして活躍している方に、地元の公立上位高校出身で、部活にも熱心に取り組んでいたタイプが多いのも、そんな理由からだと思うのです。

「面倒見がいい」私立校の落とし穴

私立中学の学校説明会に行って、よく耳にするのが「面倒見の良さ」という言葉です。生活面も学習面もきめ細やかに対応するとアピールされれば、保護者は安心して我が子を任せたいと思うでしょう。しかし、痒《かゆ》いところに手が届くように面倒を見てもらうことが、はたして子どもの幸せにつながるでしょうか?

中学・高校時代は、失敗も成功もひっくるめて、子どもは多くのことを経験すべき時期です。

ところが面倒見の良さが強すぎると、失敗経験が少ないまま6年間を過ごすことになりかねない。言い換えれば、失敗から学ぶことができないのです。それは、本当の意味で子どものためになるでしょうか？

そもそも教育とは、不自由なことに子どもが直面した時、子ども自身が知恵を絞って考え抜き、乗り越えていく環境を与えること。その積み重ねにより、最終的に自立させることです。

ところが、学校サイドが生徒の手を引くように、失敗のない舗装された道を歩かせると、子ども自身の中に自分で考え、行動する力が育ちにくくなる。失敗させないから、当然ですが、乗り越える力も弱くなってしまいがちです。

こういった経験値が不足している子どもが社会に出ると、どうなるか？

社会人になると常に守られているとは限りません。自分の行動に責任を持ち、必要な判断を迫られる場面の連続です。ところが、守られ慣れてきた子は、トラブルに弱い。困ったことに直面すると、「教えてもらっていないから、できない」と当然のように主張する大人に育ってしまうのです。

一流大学を出ているのに、社会人としてまったく使い物にならない人がいるのは、こういった理由も一因ではないでしょうか。

ですから、「面倒見がいい」という魅力の裏側には、「自立心が育ちにくい」「生き抜く力が育ちにくい」というマイナス面が隠れている。いわば、諸刃《もろは》の剣であることを、親はあらかじめ理解した上で、「子どもの芽を伸ばす面倒見の良さ」なのか、「過保護の域に達している面倒見の良さ」なのか、学校説明会などで学校長の話を聞き、自分の目で判断したいものです。

「御三家卒」という優越感だけの危険

中学受験の勝者というと、トップレベルの有名校に合格した子と思いがちですが、難関校への合格は、将来の幸せまでをも保証してくれるわけではありません。実際そういう例を私は何人も見てきました。

誤解を承知で言わせてもらえれば、開成中学など御三家と呼ばれる超難関校に合格した生徒の中には、必要以上に特別意識を持った子がいます。合格を機に、ご近所や親戚のおじさんおばさんなどからちやほやされますから、自分はすごいんだと、勘違いをしてしまうのも無理はありません。

この勘違いに気づかぬまま社会に出て、理詰めで相手を論破して優越感に浸ったり、根拠のない自信で上から見下ろすように人と接したりすれば、どうしても人間関係が上手くいかない大人になります。

たとえば、社会人になって、会社の飲み会で誰にも聞かれていないのに、「俺、開成でした」なんて自慢げに言い放ち、周囲からひかれ、ひかれた意味すら気づけないような、気の毒系男子が本当にいるのです。

特に、私立校は同レベル、同じ生活環境の子どもたちが集まる狭い世界で6年間を過ごすことになるので、「御三家」「伝統校」「お嬢様校」など、学校の輝かしいブランド、イコール、自分のステイタスの高さと、勘違いしがちです。

そうならないためにも、我が子が難関校に合格した親は特に、「あんたなんか、まだまだよ！」と発破《はっぱ》をかけたり、ボランティア活動に連れ出すなどして、広い視野を持てるように指南したいものです。

脱線するリスクが高い公立中学

公立中学には、いろいろな家庭の子どもが通ってきます。私が通っていた熊本県の公立中学にも、やんちゃで常識知らずな連中がたくさんいました。

特にすごかったのは、中学2年生時代。先生も音を上げるほど荒っぽい連中が揃う超不良クラスでした。そのクラスで学級代表を務めていた私は、ある時、学校主催のクラス対抗合唱コンクールに出場するため、クラスを束ねることになりました。

先生の言うことすら聞かない、それこそ、ドスを持って登校してくる生徒もいたほどの不良の集まりを束ねるなんて、絶対無理だと最初は頭を抱えました。

ところが、なだめたり、すかしたり、励ましたりしながら、嫌がる彼らとコンクールに向けて練習を重ねたところ、なんと、最終的に優勝したのです。

優等生ではなく、劣等生ばかりのクラスを一つにできたからこそ、喜びもひとしおで、自分で言うのもなんですが、この経験を通して、私自身の人間力も磨かれたように思います。こういう経験は、バラバラな連中が集う公立校だからこそ味わえる醍醐味《だいごみ》ではないでしょうか。

公立校は、暴力あり、いじめあり、貧しい子も勉強のできない子もいる――。社会の縮図を見るような環境ですから、いろいろあって当たり前。鍛えられるわけです。

しかし、こうした公立校の良さが、**「鍛えられる」というレベルを超えてしまう可能性もあります。**

かつて、教え子だった元塾生と再会した時、私は驚きのあまり言葉を失ったことがありました。小学校時代は利発で勉強がよくでき、将来が楽しみな女の子だったのに、数年ぶりに会った彼女は、同じ公立中学に通う不良集団の仲間に入っていたのです。頭を金髪に染め、ジャージにツッカケといった、ヤンキーの定番スタイルで、塾生だった当時とは別人のようになっていました。

一度、不良グループに入ると、なかなか抜けられないし、独特の連帯感があるものだから、ズルズルと何年も居続けてしまう。

私立中なら校則があり、従わなければ退学処分になりますが、公立中学は義務教育ですから、それができない。タバコを吸ったり、中には薬物に手を出したり。むろん、勉強などまったくしなくなり、あっという間に落ちこぼれていきます。

男子もそうですが、女子は特に、この年代で道を踏み外すと、将来的な人生にまで影響を及ぼしやすくなります。地元のカラーにもよりますが、そのリスクが私立中学に比べ、公立中学にはあるということも留意したい点です。

「あと伸び」する子が育つ公立中学

これは公立中学の特色というより、中学受験をしないメリットとして挙げられますが、公立コースはマイペースで勉強ができます。

中学受験をする場合、どうしても「こなす」勉強になりがちです。入試までの数年間で、莫大な量の学習をしていきますから、完全に消化できなくても、次に進むしかない場面も出てきます。そうすると、子どもの中で、「分かったふり」のような癖が早々に付きやすくなる。「分かった！」「解けた！」という達成感がなくても、「分かったかも」くらいの中途半端な理解度で、塾の流れに乗って先に進んでしまいます。

入試の直前になると、「捨て問」のように、試験に出る確率が少ないから捨てましょうと、最初から分かる努力もせず問題を切り捨てることもあります。中学受験は時間との闘いですから、そうせざるを得ない時も出てきます。

しかし、公立中学を選べば、**小学時代は確実に自分のペースで勉強ができます**。誰も急《せ》かさない。「分かった！」「できた！」と、正解に辿り着けた喜びをその都度味わい、次に進めるわけです。

公立育ちの私は、小学校時代も中学校時代も、ずっと自分のペースで勉強ができました。**１００％理解してからしか、前に進まない**。この勉強法で蓄積したものは、地元の高校に入学して、勉強が急に難しくなっても、自分を裏切りませんでした。人格が形成される15歳までの学びの習慣が、将来につながっていると実感しています。

ただ、矛盾するようですが、自分が歩んできた道に納得する反面、もう1つの道を歩いていたら、と考えることもあります。

もし、小学校時代にラ・サール中学あたりを目指して進学塾に通い、もっと効率的に勉強していたら。もし難関中学に入って6年間みっちり鍛えられていたら。自分はどうなっていたのかと――。

つまり、結局のところ、私立校、公立校、どちらに行けばいいという正解はありません。片方が完璧ということはなく、どちらも、いいところも問題点もある。それぞれの特徴を理解した上で、親御さんは夫婦で意見を一致させ、受験するか否かを決めることが重要なのです。

その際、子どもへの相談は、特に必要ありません。中学受験を決める時期の子どもに、**俯瞰《ふかん》して私立と公立を選択できる判断能力はない**からです。

あくまでも、親御さんが熟考して決め、「我が家は私立を受験するぞ」「うちは公立校に進むぞ」と子どもに伝えれば、子どもは納得します。

中学受験に挑める親子の条件

早熟タイプが受験向き

中学受験は高校・大学受験と違い、子どもの精神的な発達段階に左右されます。ですから、**精神的に発達している早熟タイプが圧倒的に有利**です。

早熟タイプとは、どんな子か。たとえば「悲しみを隠すために、あえて明るく振る舞った」とか、「好きな異性にわざとそっ気ない態度をとった」などという、行動の裏側にある本音をきちんと汲み取れるような子です。なぜなら、これら大人度が入試問題では問われるからです。

国語の長文問題はもとより、全教科において大人の考え方が必要とされます。

算数でも採点者の意向に思いが至らず、答案用紙に答えだけをポンと書いてしまう子は、大人度が足りません。そういう子に、「これでは、キミの解き方が相手（採点者）に伝わらないよ」と説明しても、同じことを繰り返す。一事が万事、精神的に幼いと中学受験には太刀打ちできないのです。

とはいえ、この大人度は、一朝一夕《いっちょういっせき》に身に付くものではありません。急に身長を伸ばそうと頭と足を引っ張っても伸びるはずがないのと一緒で、うちの子は、幼いから成長させなくてはと親が焦ったところで、急な成長は望めません。当然ですが、精神的な発達には個人差があるのです。

私が主宰するスクールFCでは、小学6年生の夏の段階で、幼さが抜けず中学受験より高校受験で勝負したほうが有利と判断したら、親御さんに、高校受験に焦点を絞ることを提案します。

昨年も、男子御三家と呼ばれる超難関校を目指していた男子が、頭も良く優秀ではあったのですが、幼さが抜け切らず、数年後の高校受験でピークがくると判断できたので、受験を降りました。

これまで受験勉強を続けてきた子にとって「途中下車」は大きなショックになると思われがちですが、その子は落ち込むどころかケロリとしていました。

それは、ご両親が納得した上で、一家の大黒柱であるお父さんが、「おまえのピークは中学受験より、高校受験でくるようだ。高校受験で頑張れ！」と迷いなく伝えられたからでしょう。大好きな両親が、高校受験でいくぞと前向きに断言すれば、子どもも迷わず、そうしようと喜んで方向転換できます。

裏を返せば、親御さん（多くの場合、お母さん）が納得できないまま、中学受験を断念させると、親の未練が子どもに伝わり、「僕（私）がダメだからやめるんだ」と、挫折感を与えてしまうのです。

中学受験をしなければ、これまでの受験勉強が無駄になると思いがちですが、受験期に得た、知識と学びの習慣は、その子にとってかけがえのない財産になっています。知識量が多いから、公立中学に入っても上位をキープできるし、その流れで上位高校を受験する流れも作りやすい。これは、中学受験用の勉強をしてこなかった子とは比較になりませんから、中学受験から降りるという選択肢も親は持っていてほしいものです。

性格的に向き不向きはある

中学受験には性格も大いに関係してきます。一言で言えば、勝ち気な子が伸びます。小学6年生になると勉強も難しくなるし、何時間も机に向き合う毎日。もうヘトヘトです。そこでやり抜けるかどうかは、子どもの精神力の強さがカギを握っています。

頑張り抜ける子は、自分が分からないと気が済まないから、途中で投げ出さない。**負けたら悔しいという思いが、強力な武器になっています。**

一方、解けない問題を前にすると、すぐに音を上げる子もいます。「僕、こういう問題、無理なんで」と逃げ腰になったり、「これ、割り算ですか?」と文章題を読んだとたん、講師を頼ってきたり。

この差は、**持って生まれた資質というより、成長過程での影響が大きい**でしょう。

たとえば幼稚園や保育園、小学校の低学年時代に、親、特に母親から喧嘩《けんか》やぶつかり合うシーンを取り上げられてきた子は、逃げ腰に育ってしまう。

もともと、お母さんは穏便《おんびん》に済ませることを好みますから、喧嘩になった時、「あなたが我慢すればいい」とばかりに「ごめんね、は?」と子どもに強制します。母親自身の体裁《ていさい》や安心を確保するため、丸く収めようとするのです。

でも、それでは戦いに挑むカブトムシの角をポキリと折ってしまうようなもの。我が子のたくましさの芽を摘むことになります。

勝つまで戦うより、「ごめんね」が言えるとお母さんに褒《ほ》められる。つまり、負けて褒められる癖が身に付いた子どもは、難題に向き合っても早々に逃げ出してしまうわけです。「ごめん、無理です」と。

そんな逃げ腰タイプの我が子に、お母さんがもっと頑張りなさいと気合いを入れる姿をよく見かけますが、小学校も高学年になると、母親の気合いは効きにくいものです。

それよりも、すすめたいのが外の師匠です。サッカーや野球のコーチ・監督でもいいし、中学受験を考えるなら、塾の先生も師匠になります。

勉強で頑張り抜ける子になるためにも、この時期のお母さんの仕事は、指導力のある外の師匠を見つけることと言えそうです。

「片付け力」と「スピード感」が勝敗を分ける

我が子が中学受験に向いているか、**一目で見極められるポイントは、片付け力**です。

小学6年生の夏になっても、塾の時間割を教科ごとに揃えられない。勉強机の上を整理整頓《せいとん》できない。そんな子は、中学受験には向きません。勉強も生活面も、自分のことは自分でやっていく自律力が不可欠だからです。

ただし、例外もあります。御三家と呼ばれる超難関校に合格するような子の中には、机の上が乱雑に散らかっていることがあります。お母さんから見ると、片付けられない子。でも、本人の頭の中では、ぐちゃぐちゃの本の山の下から3冊目に算数の宿題用ノートが挟まっているといった具合に、しっかり把握できていたりする。記憶のシステムがずば抜けて優秀で、はた目にはぐちゃぐちゃでも、本人にはどこに何があるかが一目瞭然《りょうぜん》なのでしょう。こういうケースもあるので、「片付けができる」の定義も、お母さんが理想とする美観だけでは限定できない場合があるのです。

そして、**もう一つの見極めポイントは、スピード感があること**。

問題を解く速度に限らず、文字を書く速さひとつをとっても、遅い子は不利です。第一子の長女に多いのが、「字はきれいに、丁寧に書きなさい」としつけられ、そこから抜け出せない子。受験では、字が丁寧でも、スピードがなければ受かりません。

入試は1教科40～50分程度で大量の問題を解かなくてはならないので、解ける問題、捨てる問題を瞬時に見極める情報処理能力、最短時間で答えを導き出す頭の回転力、手を動かす速さなど、すべてにおいてスピード感が求められます。

これらスピード感は、高校受験ではほとんどの生徒が身に付けており、大きな差は出ませんが、中学受験では発達段階によって、差が埋まらないケースも出てきます。

不向きな子でも受験のレールに乗せられる

中学受験に向いているか否かは、小学４年生の段階ではまだまだ分かりません。幼さが抜けない子でも、**５年生の後半から６年生で、突然しっかりしてくるケースも多い**ので、４年生の時点で「幼いタイプだから中学受験は不向き」という決断は早いと思います。

ただ、精神的にまだ幼い子に、中学受験特有の思考力を問うような問題を無理やりさせると勉強嫌いになりかねません。できたという達成感で、本人にやる気を持たせるためにも、暗記モノなどで得意分野を作ってあげてください。

地理では都道府県名や各地の産業などを、理科では花や虫の名前や特徴を覚えたり。漢字や国語の語彙《ごい》など、単語を覚えるような暗記は何歳でも早すぎることはないので、楽しくできる限り、いくらやってもつぶれません。

暗記モノで得意分野を作り、一定の成長段階にきたら、思考問題へと手をひろげていく。我が子の発達段階に合った勉強の仕方ができれば、勉強に苦手意識を持つことなく、受験準備を進めていけます。

ただし、中学受験は発達の差が出やすい受験です。脳の発達から見ても、4、5、6月生まれが有利で、**早生まれは不利な傾向があります**。4月生まれと3月生まれとでは約1年の開きがあるのですから仕方ありません。

高校受験と違い、中学受験では、こういった発達の差が埋まらず、どうしても受験の準備期間が不足して涙を飲むこともあります。子どもの責任ではないので、その場合は、潔《いさぎよ》く中学受験を降りて、前向きに高校受験に向かえばいいのです。

中学受験に向かない親の特徴

意外に思われるかもしれませんが、真面目で、頑張り屋、何でも完璧にこなしてきた優秀なお母さんほど、中学受験生の母としては向いていません。

第3章で詳しく述べますが、中学受験は親子の受験と言われるほど、かかわろうと思えば、親はいくらでも介入できます。ですから、この受験で我が子の将来が決定してしまうと思い込んでいるお母さんほど、受験熱がヒートアップしてしまう。この思い込みが激しくなりがちなのが、「真面目タイプ」「完璧タイプ」のお母さんなのです。

子どもが中学受験に向かって勉強を始めるや、大手塾などに洗脳され、なにがなんでも御三家合格、と必死に我が子を勉強させます。

けれど、それは我が子ではなく、お母さん自身の満足のためである場合が多いのです。

受験期に入る前から、専業主婦として「良い母親」であることを自分に課してきたお母さんは、ともすれば**子どもの中学受験を通して、自分の評価を得ようとします。**トップ校に我が子が合格すれば、自分も「トップの母親」という称号が与えられるとばかりに。それは本当に無意識に――。そのことで、我が子が苦しんでいることにすら気づかずに――。

そうならないためにも、前述してきたように中学受験の入口にあたって、ご夫婦で納得できるまで話し合う必要があるのです。

我が子の幸せは何だろうか。それを、きちんと言語化しておけば、お母さんが暴走を始めた時、お父さんは自然にブレーキが踏めます。あらかじめご夫婦で考えをすり合わせておけば、お父さんが踏んだブレーキにお母さんは憤《いきどお》ることなく（たとえ最初は憤慨したとしても）、「私、飛ばしすぎちゃったわ」と、立ち止まって我に返ることができます。

金銭面での向き不向きもある

費用の面でも、私立中学は学費がかかります。別表を参考にすると、私立中と公立中を比較した場合、年間の学習費総額は、私立「約127万8千円」、公立「約46万円」と、私立は公立の約3倍。授業料だけを見ると、私立「約42万円」、公立はなしと、その差は歴然としています（文部科学省・平成22年度「子どもの学習費調査」より）。

私立中学を受験するには、小学校時代に進学塾に通うのが一般的です。費用は一概に言えませんが、オーソドックスに4年生から通ったとして、入試までの3年間で約200万円が相場と言われています。これに塾の個別授業や家庭教師を追加すると、さらに高額になっていきます。

公立中学に入学すれば、高校受験に向けて塾通いが始まり、追い込みの時期には家庭教師を付けることもあるでしょうから、予定よりも費用がかさむ場合もありますが、それでもやはり、私立が公立と比較してお金がかかるのは事実です。

きょうだいがいる場合、上の子が私立なら下の子も平等にと考えがちなので、「×2」

「×3」の塾代、学費が必要となります。

中高一貫校の場合だと6年間。大学も私立なら10年間。長期戦です。

目先の合格に目がくらみ、気づけば自分たちの老後の資金が底をついていた……と笑えない状況にならないよう、長いスパンでマネープランを立てておきたいものです。

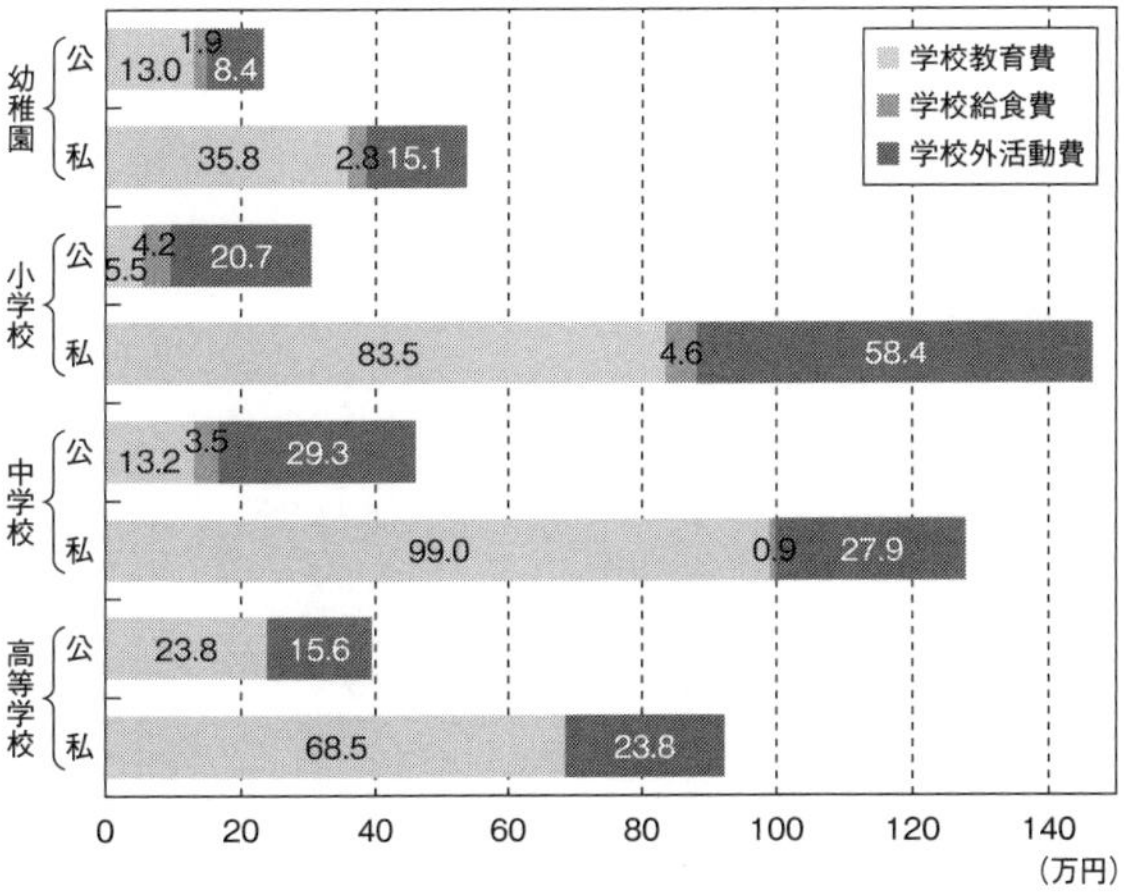

学校種別の学習費総額及びその内訳
(文部科学省・平成22年度「子どもの学習費調査」より)

我が家は「高校受験でいく」と決めたら

中学受験をしない小学校時代の勉強法

10歳前後から中学生にかけてはゴールデンエイジと呼ばれ、子どもは多くのことを習得できる吸収期に入ります。勉強もスポーツも鍛えるには最適の時期です。

中学受験をしない子は、たっぷりと時間があります。私もそうでしたが、小学校高学年でじっくり勉強に取り組めるのは、中学受験をしない子の特権です。

私の場合、小学6年生の時に当時の担任教師から「高濱は、なんか違う！」と褒められ、一気にやる気が開花して、地元の本屋にある問題集を片っぱしから解いていったものです。解いては先生に見せ、褒められるのが励みになって、また解く。気づけば、小さな書店でしたがお店にあった問題集をすべて解き終えていました。

受験という目標はなくても、むしろないからこそ、子どもはエンジンがかかると楽しみながら勉強ができます。ゴールデンエイジと呼ばれるこの時期に、たっぷりと栄養を与えるためにも、親は一工夫したいものです。

たとえば、漢検のように目標を持って取り組める勉強をすすめてもいいでしょう。算数では、単なる計算問題ではなく、思考力を鍛えるパズルのような考え抜く問題に取り組ませると、あとあと効いてきます。算数オリンピックなどに挑戦するのも、楽しみながら、数学的センスが磨かれますからおすすめです。

また、この時期の塾通いもおすすめします。大手塾でなくとも、地元の学習塾や個人塾でかまいません。

先生との相性が良く、嫌がらずに通え、学校の勉強が積み残しなく理解できていれば十分です。この時期、学校の勉強には難しい単元はありませんので、「分かった！」「できた！」の成功体験を重ねていけば、子どもは黙っていても伸びていきます。

高校受験と部活のバランスとは

公立中学に入学した子どもには、３年後に必ず高校受験が待っています。

大人からすれば３年なんてあっという間。気を引き締め、部活もほどほどにしたほうがいいのでは？　そんな声を聞くことがありますが、焦ることはありません。ほどほどころか、受験を意識せず、部活はガッチリやったほうがいいのです。

というのも、中学に入ると、男女ともにほとんどが思春期、反抗期を迎えることもあり、外の師匠が絶対に必要だからです。

中学受験をする子にも、小学校高学年になれば、外の師匠は必要な存在と書きましたが、中学生ではより重要度が増します。

この時期、部活をせず、子どもを放任にしてしまうと、だらしない生活に慣れ、転がり落ちてしまう心配があります。夏休みなど長期の休みが引き金となり、昼夜が逆転。新学期からひきこもりになってしまったり、ネット中毒になる子も多い。そうならないためにも、「この人に預けます」という外の師匠を探してください。

たとえば、野球部に所属して、監督が師匠になってくれていれば、子どもは親には「うざい」「うっせー」と反発しても、監督の前では「はい！」「すいません！」と直立不動で返事をするような謙虚さを見せます。**この年代は親の言うことは聞かないので、この人の言うことは何があっても従うと尊敬できる師が、親に代わってしつけをしてく**

ればいいのです。

中学生でキラリと光る子の共通点も、いい師匠に恵まれていることです。すぐに何人かの顔が思い浮かびます。

ある新体操部に所属する中学3年生の女子は、礼儀正しく、背筋も伸びしっかりとしています。彼女には厳しいことで有名なコーチが付いていて、なるほどなと納得したものです。また、吹奏楽部に所属する中学2年生の女子も、顧問の先生が抜群の指導力を誇っていて、どこに出しても恥ずかしくない立派な生徒です。余談ですが、この顧問の先生には、思春期の娘さんがいるそうですが、我が子には手を焼いているとのこと。立派な師匠でも、我が子のこととなると、普通の親と同じなのだと妙に納得しました。

それだけ、この時期の親子関係は難しいのです。親の言葉を素直に聞けない。これは子どもの成長過程ですから、どうすることもできません。**中学に入ったら、親は子どもと適切な距離をとり、指導は外の師匠に託すのが一番です。**

そのためにも、部活は中学3年の夏まで、たっぷりやらせたほうがいいし、たっぷり部活をやった子の、秋からの勉強の伸びには、目を見張るほどの勢いがあるのです。

高校受験のための通塾はいつから？

中学時代の塾通いは早ければ早いほど有利ではあります。理科、社会が早めに仕上がれば、その分、国語、数学、英語に回す時間が増やせますから。

もっとも、中学1年生から部活の時間を削ってまで塾を優先することはないでしょう。塾に入るのは、中学2年生の1月や2月でも大丈夫です。受験まで丸1年あれば、準備期間としては十分。中学3年生でも部活と受験勉強を十分に両立できます。

ただし、そこには条件があって、中間テスト、期末テストで結果を出している子に限っては、ということ。つまり、学校で習う授業が理解できていれば、焦らなくても心配はいらないのです。

裏を返せば、その部分に不安がある場合は、早めにスタートを切り、勉強でつまずいた箇所まで戻り、丁寧に穴を埋めていく作業が必要です。当然、その分、時間はかかる。早めに入塾したほうがいい場合もあります。

部活の師匠と同様に、塾にも師匠と呼べる先生がいると勉強にも意欲的になります。

特に思春期を迎えたこの年代は、同性、異性に関係なく、憧れの先生の教える教科にやる気を見せ、突然得意科目になってしまうことも少なくありません。ですから、親御さんが塾を検討する時には、**高校への合格実績も大事ですが、「いい師」になりそうな先生がいる塾かも併せ見てほしいところです。**

塾のカラーや評判は、ネットの書き込みや噂よりも、通っていた子どもや、そのお母さんに直接聞いたほうがよく把握できます。

男子は本来、高校受験向きか

幼稚園や小学校の低学年から花まる学習会に入り、スクールＦＣの塾生として高校受験までを過ごす生徒もたくさんいます。当然、私は幼い頃から今に至るまでの彼らを見てきました。

男の子は誰でもそうですが、幼い頃はじっとしていないし、ふざけたり下品なことを言い合って、友だち同士で喜んでいます。

男子は女子に比べて精神的な成長が遅い分、小学6年生や中学1年生でもまだまだ幼さが抜けません。ところが、中学3年生になるとガラリと変わる。ぐっと引き締まります。高校受験を控えた中学3年生の夏、塾が主催する勉強合宿で再会した時など、もう別人です。

私が久々に会えたことが嬉しくて、「おまえ大きくなったなあ！」と、親戚のおじさんのようにはしゃいで次々に声をかけても、「あ、どうも」だの、「あ、今勉強中なんで」とクールに言って、サッと問題集に目を落とす。みんな数年前までは、落ち着きがなく、下ネタで騒いでいたのに、すっかり大人になっているのです。

この年代になると、子どもは主体的に高校受験と向き合えます。そういう意味では、男子の場合、高校受験がタイミング的に合う子も少なくありません。

親の立場から見ても、子ども自身が志望校を選び、勉強も自分でするので、ほとんど手がかかりません。中学受験とは比較にならないほど、親の負担は軽くて済みます。

とはいっても、我が子のことなので高校受験でも親の心配は尽きないのではないかと考えるお母さんもいるでしょう。が、それは小学生のうちだけのことです。

子どもは日々成長して、今、目の前にいる愛しの我が子は、中学3年生になる頃には、母の背丈を抜き、ほぼオッサン（女子の場合、口うるさい小姑⁉）に変身します。

人間とは視覚に左右される生き物ですから、小さなものはかわいがりたくなりますが、大きくなると、かわいさも薄らぐ。高校受験の頃には、お母さんも「食事は作ってあげるから、勝手に頑張れ！」と平気で言い放てるものです。

いつだったか、買い物帰りの塾生のお母さんとすれ違った時も、「先生、うちの子、どこの高校受けるんでしたっけ？」と、ほとんど他人事でした。「お任せしますから、よろしくお願いしま〜す」と、笑顔で自転車を漕《こ》いで行ってしまった。その姿を見て、とても健全だと思いました。高校受験に向く子がいる一方、高校受験に向く親も少なくないと感じています。

第2章　中学受験を決めたなら

《4年生》受験生活スタート……………

入塾は新4年生が理想的

我が子に中学受験をさせようと決めた時、まず考えるのが塾をどうするか、ではないでしょうか。

何年生から通い始めるのがいいのか、塾に行かなくても合格できるのではないかなど、特に第一子で初めての受験の場合、親御さんは迷います。

結論から言うと、中学受験に塾、それも受験に的を絞った進学塾への通塾は必要不可欠です。

中には、進学塾に入れず、我が子を合格に導いた方もいますが、親御さんが元塾の講師だったり、通信教育で添削指導の仕事をされているなど、特殊なケースがほとんどです。かつて私の塾でも、算数のみを私が教える以外、ご家庭で勉強して桜蔭中学に合格した女の子がいますが、彼女の場合もやはりお父さんが教える立場の方でした。

中学受験は高度で独特な問題を解いていかなければなりません。しかも、入試までの準備期間は数年にわたるので、「何年生のどの時期に何をする」といった受験対策の長期プランも必要となります。進学塾では、そういったカリキュラムが精密に組み立てられています。これをご家庭で組むのは、至難の業《わざ》でしょう。

何より、塾通いの良さは、受験生という同じ仲間がいることです。本来、子どもとは群れで動くものです。塾に通っていれば、クラスの子ども同士で刺激し合うことができて頑張れます。

塾では定期テストの成績も発表されるので、成績が上がった子は、思い切り喜び、成績が振るわず友だちに負ければ、悔しい思いもします。切磋琢磨《せっさたくま》しながら学べる環境が整っていることも、塾の良さなのです。

入塾の時期としてふさわしいのは、新４年生といわれる、小学３年生の２月です。

中学受験は６年生の２月に行われるため、塾では小学校より２カ月早い、２月に新学年をスタートさせます。このタイミングで入塾すると、準備期間も丸３年と十分にとれます。

ただし、幼さが抜けない子ども（特に男子が多い）の場合、**新4年生より、むしろ新5年生での入塾がタイミング的に良い**場合もあります。いずれにしても、どんなに遅くとも、この新5年生までには塾に入れたほうが賢明です。

塾選びのポイント

進学塾とひとくちに言っても、チェーン展開している大手塾、中堅規模の塾、塾長が一人で教えているような小さな塾、さらに個別指導の塾など、さまざまなタイプの塾があります。

どの塾に入れようかと迷った時、親御さんの判断材料になるのが、各塾が打ち出す合格実績ではないでしょうか。有名校に何人合格させているかは、確かに塾の実力を裏付けているように思えます。

しかし、合格実績が良い塾に入れれば安心というものではありません。というのも、大手塾で高い合格実績を誇る塾の中には、テキストやカリキュラムは優れていても、それを塾の授業だけでは教え切れず、理解できない子どもが、個別塾や家庭教師に頼っているケースが少なくないからです。

つまり、実際には塾で使っているテキストを、個別塾の先生や家庭教師が子どもに教えている。子どもは、**１つの塾だけで完結できず、塾プラス、個別や家庭教師という二段構えで有名校に合格**しているわけです。これでは、いかに合格者が多数いても、塾の実力とは言えません。ですから、塾の合格者の数字は額面通りに判断できないのです。

塾を選ぶ上で、私がもっとも見てほしいのは、塾長が勉強の仕方を強調しているかどうかです。

たとえば「うちの塾では、こういうシステムで、勉強ができない子も、こういう方法で教えて、講師が必ずチェックを入れ、学力を定着させ、伸ばしていきます」というように、しっかりノウハウを示せる塾。

中学受験の目的は、志望校の合格だけでなく、中学受験を通して生涯使える勉強法を身に付けることではないでしょうか。この時期に、それが確立できれば、中学、高校、大学に進んでも自信を持って勉強できます。学ぶ楽しさを感じながら、学力を向上させていけます。

だからこそ、付け焼刃で知識を詰め込むのではなく、しっかりと学びの土台を作ってくれる塾を見つけたいものです。

塾の教育方針や授業のノウハウは、説明会に行き、トップの話を聞けば分かります。この時、塾のシステムだけでなく、トップの人柄も考慮したいものです。

学校など教育関係全般においても言えることですが、トップが教育哲学を持ち、筋の通った人なら、問題もその都度解決できる。子どもたちは幸せに通塾できます。ですから、塾選びでは、トップの人柄を見抜く親御さんの目が試されるわけです。

また、よくある塾の謳《うた》い文句、「面倒見の良さ」も魅力的ですが、これは教材など目に見えるものではないので、その塾に子どもを通わせているご近所ママなどに、本当のところはどうなのか、情報収集ができればそれに越したことはありません。

中には自習室が使い放題と言いながら、実際には機能していなかったなど、セールスポイントに偽りがある塾もありますので、生の声は事前に聞いておいてください。

また、同じく目に見えない部分ですが、**筋のいい教え方をする講師がいることも、子どもを預けたい塾の条件**です。

「この問題は麻布中の入試に出るから覚えて」といった教え方では、子どもは興味を持てません。それより、算数で言えば、図形センスや空間認識力などの見える力と、論理力や要約力などの詰める力などを、子どもが夢中になるアプローチの仕方で教えていけるような――。社会でも、歴史を丸暗記させるのではなく、「この部分のここが面白い」とエピソードも含めて教えられるような――。そんな講師の授業は魅力的で、子どもも学ぶ楽しさを得やすいものです。

塾選びは時間と労力を使うため、ともすれば大手なら安心と、さっさと決めたくなります。しかし、我が子の幸せのためにも、この時期フットワーク良く塾を巡り、自分の目でしっかり納得した上で選択するのが良いでしょう。

通塾時間の短さと成績は比例しない

通塾時間を気にされる親御さんがいらっしゃいます。もちろん通塾時間は短いほうが、子どもの負担にならないのは確かです。長距離になれば、親も送迎に付き添うことになり大変です。しかし、私の経験から思うに、通塾時間が短ければ、成績が上がりやすいというわけでもないようです。

というのも、埼玉県の本校でしか私の「スーパー算数」（算数の難問に特化したクラス）を受講できなかった頃、神奈川県から往復4時間近くかけて授業を受けに来ていた子の成績が、めきめきと上がっていったからです。

この子に限らず、山梨県や茨城県から長時間かけて通ってくる子が何人もいますが、時間のハンデをもろともせず、やはり彼らも確実に、算数に強い子として育っていき、開成・筑駒（筑波大学附属駒場）・灘などトップ校に合格しています。

それは、僕（私）には時間がない、と自覚しているからこそ、時間を無駄にしていないということもあるでしょう。彼らは往復の移動時間でうたた寝することもなく、行きの電車では暗記モノに打ち込み、授業を終えた帰りの電車では、その日の復習を徹底するなど、移動時間を濃い時間にしていました。

そして、彼らが伸びた一番の理由は、何と言っても、ずば抜けた意欲だと思うのです。算数が大好きで、私の授業を受けたくて、はるばる通ってくる。その意気込みがあれば、通塾時間の長さなど関係ないのです。

ですから、通塾時間に関しては、近いほうが便利だけれども、我が子がやる気になれる塾ならば、距離のハンデは十分に補える。それが私の実感です。

４年生の目標は「習慣付け」と「ノート作り」

塾生活がスタートする４年生は、勉強の習慣化が大きなテーマになります。

塾によっては、４年生から算数・国語・理科・社会の４教科を揃えてスタートするところもありますが、この学年は基本的には国語と算数を大事にすれば十分です。

肝心なのは、塾で勉強したこととの**復習と宿題をきちんとやることとの習慣付け。基本になる学習は、漢字と計算です。**

漢字と計算は、勉強の仕方を習得する上でも、土台になります。

スクールＦＣでは、「ノート法の指導を徹底」しています。目的に合わせて、数種類のノートを作ります。ノート作りは面倒と敬遠する子どもも多いものです。時間も労力もかかるし、わざわざノートを作る必要があるのかと疑問を感じる親御さんも少なくないでしょう。ところが、ノート作りには大きな意味があります。

ノート作りで得られることは、大きく分けると次の5つです。

① 弱点を把握しやすくなる。
② 弱点を克服しやすくなる。
③ 時間の効率的な使い方を意識できる。
④ 段取り力（工夫する力）が付く。
⑤ 自信が付く。

ノートに苦手分野をまとめられれば、弱点を効率よく強化できるし、効果的に学力も上がります。

スクールFCでは、ノートはいくつかの種類に分けます。主だったものは4つ。

授業ノートは、文字通り授業を受けた時に、**黒板に書かれたことなどを書き込むノート**。このノートで大切なことは、授業で教わったことの中で、重要なポイントを書き残すことです。

演習ノートは、習ったことを体にしみ込ませるように、**繰り返し練習するためのもの**です。授業ノートと目的が違い、丁寧さよりも、スピード感を重視するので、多少の字の崩れは気にする必要はありません。

言葉ノートは、知らない言葉に出会った時に、**単語を書きためていく**ノートです。学力の土台にあるのは、語彙力です。１日に１つの言葉を調べるだけで、１年間で３６５個の蓄積ができます。たとえば１日に３つ調べた子どもと、何もしなかった子では、１年間で語彙に１０００個以上の差が出ます。

復習ノートは、学んだ知識を**確実に自分のものにするため**のノートです。問題を解くための発想法や、間違えた理由や考え方などポイントを色分けして残します。この復習ノートこそが、本物の学力を付けるためのものだと考えています。

これらのノート法は、４年生のスタート時から、少しずつ身に付けることを目指します。４年生の序盤、漢字と計算を中心にした学習では、漢字の間違い、算数では途中の計算式を飛ばして答えだけを書いてしまう、あるいは間違っているのに○を付けてしまうといったミスがたくさん出ます。

しかし、計算と漢字というシンプルな段階で、間違ったら演習ノートで練習し、復習ノートでどうして間違えたか、何を間違えたかなど確認して言語化する習慣を付けられると、学年が上がり、勉強内容が複雑になっても対応できるようになります。そして、6年生の段階で完成形のノートに近付けるのです。

実際に受験の正念場である6年生後半では、できない単元、できない問題が「復習ノート」に一目瞭然で整理されているので、効率的に追い込みの勉強ができるのです（詳細は『成績が伸びる子の「復習ノート」のつくり方』（PHP研究所刊）参照）。

塾によっては効率を優先してプリントで問題を解かせるところもありますが、一時しのぎの勉強法ではなく、息の長い勉強法を身に付ける上でも、ノートの取り方は大切にしたいものです。塾の先生がノートを確認しない場合、我が子のノートが分かりやすくまとめられているか、この時期は折に触れ、親御さんが目を通すといいでしょう。

4年生は、生活の中に勉強時間を組み入れる、分かりやすいノートを書く。それらの習慣化を目指す年代です。

肝心なのは勉強時間の「長さ」より「質」

私は子育てをテーマにした講演などで、子どもの発達段階を「赤い箱」と「青い箱」

にたとえてお話ししています。「赤い箱」は幼児期から小学3年生くらいまでの、いわばオタマジャクシ。一方、「青い箱」は小学5年生以降の、カエルに育った時期です。

4年生は赤い箱にも青い箱にも属さない、グレーゾーンの時期と言えます。

この時期の子どもに大切なことは、遊びはもちろん楽しいけれど、勉強も面白いという感覚を持たせること。そのために**親として心がけたいのが、メリハリを付けること**です。

中学受験をさせると決めると、親は勉強を生活の中心にしなければと思いがちです。しかし、4年生時は学習量もそう多くないので、詰め込まずに勉強できます。

塾の復習や宿題など、「本日のノルマ」が終わったら、子どもを自由にしてあげてください。よくあるパターンが、子どもが予定時間より早くノルマを終えた時、親が勉強を追加してしまうこと。「このドリル、白いところ残っているよ」「漢字はやりすぎってことはないんだから、もっと新しい字を覚えればいいじゃない」などと盛ってしまう。

これはダメです。

本人がもっと勉強したいと希望しているのならともかく、そうでないなら、追加はしないのが鉄則。**子どもは「盛られた」段階で、基本的にやる気を失います。**「どうせ早く終わっても、なんかやんなきゃいけないんでしょ」と。これでは、集中力も失い、だらけてしまいます。

ですから、親は子どもが無理せず勉強できる時間と予定を立て、それを子どもがクリアできたら、しっかりと褒めてあげましょう。

4年生で大事にしたいのは、勉強時間の長さより、質。勉強とは「分かった楽しさを味わえるもの」という原体験を積み上げていけば、5年、6年で主体的に勉強するようになります。

継続する力は、急には身に付かない

では、その「主体的に勉強する」ということについて、ここで少し触れておきたいと思います。4年生では、必ずしも、あらゆる物事を自分でできることは期待していません。

この段階では、親が時間管理やスケジュール管理をすることになります。子どもがそれらを守り、継続する力が付いていれば、十分に主体性があると言えます。

６年生になると「このテキストを３カ月で３周解いて仕上げる」といった、長いスパンでの取り組みが多くなってきます。４・５年生で宿題を溜めてしまう、継続力のない子は、６年生になっても溜めてしまいがちなため、結局は中学受験という大きなプロジェクトを乗り越えることができません。

毎日少しずつでも進める継続力のある子は、本人も自覚しないうちに、十分な勉強量を確保しています。多少の遅れも本人の頑張りによって克服できるし、自分で計画を立てて勉強することも、学年が上がれば自ずと現実的になります。

主体性とは、徐々に身に付くものです。４年生の段階で大人が考えるようなレベルのものは求められません。急には身に付かないからこそ、４年生から周囲が留意して、見守っていく必要があります。

４年生の夏休みの過ごし方

４年生の夏休みは、できれば塾の夏期講習を受けることをおすすめします。

理由は２つあります。１つ目は、多くの塾では夏期、冬期、春期講習など長期休暇の講習を含めて1年間のカリキュラムを組んでいるため、受けないと穴があいてしまう可能性があるからです。

そして、2つ目は、せっかく1学期に身に付いた「学習の習慣」を忘れてしまう恐れがあることです。

夏休み明け、塾の再開前日に「明日からまた頑張ろうね」と塾の講師が電話をすると、嘘みたいですが「え!?　塾ってなんだっけ?」といった反応が子どもから返ってくることがあります。

夏休みに塾を休み、すっかり遊んだ子は、塾に行っていた記憶すら消えてしまうのでしょう。この場合、また一から習慣付けをしなくてはいけないので、できれば夏休みの間も、夏期講習を受け、自習室があれば利用するなど、塾との距離を空けない方がいいと思います。

とはいえ、まだ4年生ですから、遊ぶ時は思い切り遊んでください。

花まる学習会でも、夏の時期は恒例のサマーキャンプを企画して大いに盛り上がりますが、こういったアウトドアのイベントを家族で楽しんだり、あるいは、田舎のおじいちゃんやおばあちゃんの家に行って、川で遊んだり、山でカブトムシをとったり――。このような自然体験や人とのかかわりは、偏差値といった目に見える数字に表れなくとも、確実に子どもの生きる力を育みます。

４年生の夏休みは、塾の存在を忘れない程度に、思い切り遊ぶ、といったところでしょうか。

４年生はゲームより読書を

４、５年生……、特に４年生のうちにたっぷりしておきたいのが読書です。６年生になると受験勉強に追われ、なかなか読書の時間がとれないからです。

どんな本が推薦図書かとお母さん方に聞かれますが、基本的には子どもが興味のある本を読ませてあげればいいと思います。

ただ、受験を控えているので、そこは少々工夫をしたいところです。国語の入試問題に出る作品には、重松清など興味深く読める作品があるので、図書館に一緒に行って、すすめてみるのもいいでしょう。

日頃は手に取らないジャンルの本にチャレンジするのもいいと思います。たとえば、海の生態など自然環境の本や、子どもに向けた政治関連の本なども読んでみると、意外と面白かったり、新鮮味を感じられたりするものです。

新たなジャンルを開拓できると、知識も広がりますし、こういった本は入試問題ともつながりますから、読んだジャンルが多岐にわたると、どんなテーマが入試で出題されても、拒否反応を示さず受け止められる。つまりは、読解力が身に付きやすくなります。

また、やはりお母さんから質問が多いのが、我が子のコンピュータゲームについてです。勉強の息抜きに使うと効果的など、専門家にもいろいろな意見がありますが、**受験に「ゲームは必要ない」**と、私は考えています。

子ども時代という限られた時間の中で、外遊びをしたり、友だちと笑ったり、泣いたり、喧嘩したり――、本来積み上げるべき体験やスキルが、ゲームの時間に吸い取られては本当にもったいない。

ゲームは刺激的です。はまると時間を忘れて没頭したくなります。「うちは1日30分と決めています」というご家庭もありますが、それでも受験を第一に考えるなら、やめたほうがいい。１日30分でもはまってしまう子ははまってしまいます。刺激が強すぎて、中毒になってしまう。そうすると、１日中、ゲームのことが頭から離れなくなり、親の目を盗んでゲームをしたりと、受験勉強どころではなくなった子もいました。

そもそも、中学受験で上位校を狙う子たちは、漫画やゲームにさほど興味を持ちません。きちんと、自分を律しているのでしょう。

テレビに関しては、政治や経済、歴史や生き物の生態などを、分かりやすく紹介する番組も増えているので、時間を決めてなら受験期間であっても観ていいと思います。

４年生くらいから、中身のないバラエティ番組などは外し、知的好奇心が満たされる内容のものを選択するよう、習慣付けていきたいものです。

４年生から「聞く力」を習慣化

４年生のうちは塾での学習内容も極端に難しくはないので、要領の良い子は自分の力だけで解けてしまうこともあります。しかし、学年が上がるにつれて、限界はすぐにやってきます。

そうならないためにも、自分で手を動かして必死に考える時間は大事にしつつ、人の話を聞く時には鉛筆を置いて手遊びをしないことや、背筋を伸ばした良い姿勢といった・・・学習の型を教えていきたいものです。

これは家庭で取り組むには難しい部分ですが、塾に行く前に「しっかり先生の話を聞いてらっしゃい」と一声かけるだけでも違うでしょう。あるいは、帰ってきてから「今日どんなことを教わってきたの？」と子ども自身に話させることも有効です。

そうすることは、学習内容の理解度を測ったり、学習してきたことを定着させるという意味もありますが、それ以上に「塾に行ったらしっかり聞いてこなくちゃ」という雰囲気に子どもを導く効果もあります。

4年生では内容をしっかり説明できなくても、できた部分を褒め、習慣的に「次もしっかり聞いてこよう」という気になれば良いのです。

《5年生》中学受験の土台作りの1年間……………………

「人の話を聞ける」ことが伸びる条件

学年が上がると、先に述べた聞く力が響いてきます。5年生からは子どもの認識や思い込みだけでは理解できない内容や大人度の高い内容、専門的な受験のテクニックの占める割合が増え、大人のアドバイスに耳を傾けられない子は、伸び悩むようになるからです。さらに、問題作成者の意図まで掴《つか》む力も求められます。

5年生になると、塾の曜日も増え、授業時間も長くなります。

4年生のうちは勉強や塾生活の習慣化に重点を置きましたが、**5年生は、覚悟を決めて受験生に育てていく時期**だと考えています。学習面では**土台をきちんと積み上げる1年**。ここで土台を固めないと、6年生で上積みができません。いわば、5年生は中学受験の肝になる1年なのです。

5年生では勉強内容もかなり難度が上がります。中学受験特有の、発想法や解き方、技法も必要になります。その中で、子どもにとって必要なものは何かと言うと、**聞く力**です。

5年生になっても成績が伸び悩んでいたり、6年生で成績が落ちてしまう子の特徴は、人の話をきちんと聞けないことです。集中して話を聞いていないから、宿題をやってこなかったり、ノートを見ても途中の式を飛ばして答えに行きつけていなかったり。

それればかりでなく、**「しっかり聞く」は「しっかり読む」の土台**になっているので、聞けない子は、国語の長文読解はもちろん、すべての教科の文章問題でつまずきやすくなります。言葉を聞き流す癖のついている子は、文章も読み飛ばす癖があるからです。

たとえば、長文問題の中に、意味が分からない単語や言い回しが出てきても、力のない子は引っかからないのです。「姉のおうような性格」と書かれていて、「おうよう」の意味が分からなくても、すっと流して読み進んでしまう。むろん、これでは内容が把握できませんから、正解にも辿り着けません。

また、人の話を聞くことが大切なのは、相手の心情を読み取る、他者性が養われるからです。

入試問題は、「うちの学校は、こういう生徒がほしい」という学校側のメッセージでもあります。言い換えれば、「この問題を解ける生徒こそ、我が校でほしい生徒」という願望が問題という形に凝縮されています。

ですから、人の話を聞ける子、つまり他者性のある子は、そういう問題の作り手の心情にも思いが至るわけです。

意外に思われるかもしれませんが、算数の問題も他者性が試されます。「この図形問題で補助線が浮かびますか?」「立体図形から展開図が描けますか?」といった、作者の意図が問題から読み取れると、正解にも行き着きやすいのです。

これらのことからも、５年生は先生の言葉を、心の目で集中して聴くことを、勉強の真ん中に置きたい１年間です。

5年生からの受験スタートでも間に合う

学校の勉強を理解していて、勉強への意欲を持っていれば、小学5年生から受験勉強を始めても、まったく遅くはありません。

5年生の場合、塾のカリキュラムが始まるのが、正しくは4年生の2月なので、このタイミングで入塾できるといいでしょう。

最初のうちは、4年生から通っている子に遅れをとっていると感じるかもしれませんが、2～3カ月の間、一生懸命に勉強すれば、その差はほとんど埋まります。

5年生から塾に入った子が取り残されるように感じてしまうのは、4年生からスタートした子のスピード感に怖気《おじけ》づいてしまうことも一因です。しかしこれも、じきに追い着くので心配はいりません。

実際に、5年生からスタートして難関校に合格した子も数多くいます。「塾で勉強したい！」と自分の意志で入ってきた子など、塾の勉強が新鮮なのでしょう。楽しくてたまらないといった様子で、乾いたスポンジが水を吸い込むように知識量を増やしていきます。

入塾序盤は、塾生活に慣れることと、勉強に追い着くこととで、しばらく大変になるかもしれません。

しかし、**勉強一色にならないよう、遊べる曜日も入れるなどして、お母さんが上手く**

学習スケジュールを組むことができれば、塾生活はじきに軌道に乗ります。さらに「学校と違う、こんな難しい問題も解けるようになったね」と褒めてあげることで、さらにメキメキと伸びていきます。

家庭でできる「エンピツを使わない教育」

４年生のうちは、お母さんが勉強を見てあげることもできますが、５年生になると難度がアップしますから、そういうわけにもいかなくなります。

塾のカリキュラムにもよりますが、５年生前半で、算数なら小学校で習うすべての単元を終了し、５年生後半からは、旅人算など中学受験特有の特殊な技法で解く問題が次々と出てきます。

もはや、お母さんが教えられる領域ではありませんし、**塾と違う教え方をすると、子どもは混乱するので、暗記モノ以外の勉強は塾に任せたほうがいい**と思います。

ただ、ご家庭だからこそできる勉強法もあります。言ってみれば、エンピツを使わない教育です。

たとえば、「教室」は親子でよく行く近所のスーパーマーケットです。「ジャガイモの産地はどこ?」「北海道産だね」などと、産地をゲームのようにして覚えることができます。

袋詰めのミカンを買う際は、「5個入り300円のミカンと、8個入り400円のミカンがあれば、ミカンは1個あたり、どちらが安い?」と問題を子どもに出すと、割り算の勉強ができます。これは、割り算を習い始める3年生頃からでも楽しめそうです。

塾で割合が出てくる4・5年生では、「350円のミカンに20%引きのシールが貼ってあるね。いくらになる?」「20%引きってことは、定価の何割で買えるの?」などと、問題を出して一緒に考えてみるのもいいでしょう。

スーパーに限らず、「教室」は他にもいろいろあります。

親子でバスに乗っていて、目的地までの距離とかかった時間から、バスの平均速度を考えれば、速さの勉強にもなります。塾の帰り道、親子で夜空を見上げて「あれがオリオン座」などと星の観察をするのも楽しいものです。

ちょっとした工夫で、日常生活の中には勉強に興味が持てる仕掛けが潜んでいます。

子どもと楽しみながら、身近なことをゲーム感覚で学ぶ。エンピツを使わない教育は、家庭だからこそできるものです。

お手伝いで基礎学力をアップ

受験勉強が忙しくなると、お母さんとしてはお手伝いを減らしてもいいかも、と子どもに甘くなりがちです。「風呂洗いはお母さんがやるから、勉強しちゃいなさい」と。

しかし、子どものためにも**お手伝いの習慣は、変えない方がいい**でしょう。

なぜなら、お手伝いを経験する中から、子どもは多くの知恵を学びとるからです。その知恵は、生きる上ではもちろん、入試でも生かされます。

たとえば、これは実際にある難関中学の入試に出た問題です。

「生卵を１００度のお湯に10分間浸けた後、冷蔵庫に10分間入れました。卵はどうなっているでしょう？」

料理のお手伝いで、ゆで卵を作った経験のある子どもなら、冷蔵庫に入れてもゆで卵のままだと分かります。しかし、この経験がない子どもは、冷蔵庫に入れたことで卵が生卵に戻ると考えてしまう子もいるのです。

また、算数の「比」の話をする時に、市販のめんつゆで料理を作ったことのある子は、飲み込みが早い。水・1対めんつゆ・1が基本だとします。この場合、水・1リットルにめんつゆ・1リットルでも、水・小さじ1にめんつゆ・小さじ1でも同じ味になります。

お手伝いをしていると、比率が同じなら、分量が違っても味は一緒という話を、ごく自然にイメージできます。

同じように算数で、「水槽に1分間で10センチメートルの水が入ります。4分半では何センチ入りますか?」という問題があったとします。この時、お手伝いでお風呂に水をためた経験のある子は、時間と水の量が比例することが、教える前から感覚として分かります。「1分間で10センチなら、4分半で45センチか」という具合に。

今はお風呂もボタン操作ひとつでお湯が溜まる時代なので、お手伝いで知恵を付けるのも難しい時代ですが、それでもお手伝いで得た生活の経験値は、子どもにとって**潜在的な点数の高さにつながります**。前項と同じように、エンピツを使わない教育になるのです。

リビングには国語辞典と地図帳

　お手伝いと併せて、この時期、我が家の習慣として定着させたいのが、こまめに調べる習慣です。

　高学年になって子どもがつまずきやすいのが、国語の語句。**基本的に語彙が不足して**いるのです。その背景には、漢字の練習をきちんとやってこなかったことが大きな理由として挙げられます。

　漢字が苦手な子は、読めない漢字も多いのですが、たとえば「敬」なら、「敬う」など、漢字の意味を理解していないことも多い。漢字の意味が分かっていると、「尊敬」「敬愛」など熟語になった時も想像力を働かせられるのですが、意味が分かっていないと、長文読解など何が書いてあるか分からなくなってしまいます。

　この章の最初にも述べましたが、分からない言葉を読み飛ばす癖が付くと、精読ができなくなり、国語の長文読解でつまずくだけでなく、算数の文章題などでも問題の意味が正確につかめなくなります。

この学年になっての語彙不足は、外の師匠である塾の先生に鍛えてもらうのが一番ですが、家庭でも同時進行で補っていると効果が出やすいものです。そのためにも、**リビングに国語辞典を置く**と効果的です。親子の会話や、読書、またテレビのニュース番組の中で、知らない言葉が出てきたらサッと引く。**その都度調べる**、このひと手間が、大事なのです。

スクールＦＣでは「言葉ノート」を作っていますが、知らない言葉を調べ、ノートに書き込む習慣を付ければ、語彙はみるみるうちに増えていきます。

言葉ノートは、「通し番号」「単語」「読み方」「意味」を一覧にするだけで簡単に作れます。たとえば、「旺盛」という言葉を書き込む場合、「１・旺盛（おうせい）・非常に盛んな様子」というように。千里の道も一歩からです。ぜひ、ご家庭でも試してみてください。

また、同じように**リビングに地図帳を置いておく**のもおすすめです。

たとえば、ニュースで「尖閣諸島の問題」が出てきたら、「どこにあるの？」と地図帳を広げてみる。「沖縄の近くなんだ」と場所が確認できると好奇心がわき、これまでの歴史をひも解きたくなるものです。こうすることで、地理、歴史、時事問題と立体的に学べます。

車好きの男の子なら、「アメリカのデトロイトでモーターショーが開催された」というニュースから、デトロイトの場所を探し、日本の自動車メーカーの進出による貿易摩擦などにも話を広げていけます。

中学受験の勉強は分野が多岐にわたる上、中学校側も試験で子どもの素の力を見ようとしています。

上手く乗り切らせるためにも、国語辞典や地図帳などを使い、生活の中で知識を身に付けられると武器になります。継続は力なり、です。

5年生の夏休みの過ごし方

塾では夏期講習が一定の期間にあります。中には夏休みのほとんどを夏期講習にあてる塾もあり、５年生のこの時期は、夏期講習をやり切るだけでも大変です。

ですから、**「せっかく学校が休みだから」と、お母さんが新たに問題集を買い与えても、塾の勉強も、自宅の勉強も両方が中途半端で終わってしまう**ことになりかねません。夏休み期間に一定の成果を出すためにも、欲張らず、塾で設定された課題を確実に身に付けることをおすすめします。

4年生は「習慣付け」が大事という話をしましたが、では、5年生では「その習慣を使って何かをするのか」というと、そうではなく、「身に付けた習慣で、1年間をひたすら耐える」というイメージです。

5年生の勉強量は盛りだくさんですし、難しくもなってきます。4年生で勉強の習慣が身に付かず、宿題を塾に行く直前にやったり、直前ですらやらなかったり、「溜める」ことが日常化している子は、5年生では破綻《はたん》してしまいます。とにかく、積み上げていくことが中学受験には必要です。

夏休み期間中も、生活のリズムを崩さず、コツコツと積み上げる習慣を保つことが大切です。

また、5年生は夏休みの旅行も楽しんでください。海外へ行ったり、キャンプや温泉に行ったり。リフレッシュの時間を挟むことで、勉強の効率が上がるので、戦略的に旅行を組み込むご家庭も少なくありません。

苦手科目の克服法

子どもの口から苦手科目が出てくるのが、5年生あたりからです。

確かに、定期テストの偏差値が50を切ってしまう場合など、不得意と思わざるを得ません。しかし、5年生は基本的なことを積み上げればいい時期なので、「やるべきことをやっていれば」おおむねテストで結果は出せます。つまり、偏差値が50を下回るような場合、「やるべきことをやっていない」ケースが多いわけです。

このような時は、塾の先生に相談して、勉強法を改善するなど**できない理由を見つけられれば、苦手科目が一気に得意科目になる**ことも珍しくありません。

また、ご家庭でも「1週間のスケジュール」を立て、「やるべきこと」を「いつやるか」を親子で決めたほうがいいでしょう。子どもだけに決めさせると、「苦手な社会を1日4時間やる！」など、無茶なスケジュールを組むので、親御さんがバランス配分を考えてあげてください。

ところで、花まる学習会やスクールFCでは、「嫌い」「苦手」という言葉は生徒に使わせません。なぜなら、「嫌い」な教科が伸びた子は1人もいないからです。

それでも、中には「漢字が苦手」「算数は嫌い」と口にする子がいます。勉強の仕方さえ間違えなければ、苦手科目が出る時期ではないのになぜでしょう?

実はお母さんが原因になっている場合が多いのです。

お母さんの世界には謙遜《けんそん》の文化がありますから、買い物帰りのママ同士の立ち話などで、「おたくの○○ちゃん、優秀でうらやましいわ」と褒められた時、慌てて謙遜してしまいます。「まさか。計算が苦手で、このあいだのテストもケアレスミスの連続で」だの、「漢字の書き順をよく間違えるのよ」などと。すると、横で聞いていた子どもは、算数も漢字も嫌いではなかったのに、お母さんの言葉で「そうか、私は計算が苦手なのか……」「漢字もダメなのか」と刷り込まれてしまうのです。

そう、子どもの心に「わたし(僕)は勉強が苦手」と**お母さんの言葉が、烙印《らくいん》を押してしまう**わけです。

このように、大好きなお母さんの言葉は、子どもにとって大きな影響力があります。だからこそ、安易な謙遜は控えてほしいものです。「嫌い」と「苦手」からは、何も生まれないのですから。

手を抜く本当の理由は「疲れ」

4年生の夏休み明けは、塾に行っていたことすら忘れてしまう子がいると書きましたが、5年生もやはり夏休み明けの秋頃から、中だるみをしやすくなります。塾生活に慣れてきて、精神的に緩《ゆる》むのかもしれません。手を抜いて宿題を忘れてきたり、問題の解き方や、ノートの取り方にも手を抜く子が出始めます。

でも、それは「緩み」であると同時に、疲れであるようにも感じます。

5年生は通塾の曜日も増え、勉強量も内容もハードになってきます。しかも、6年生と違い、入試の本番もまだ先なので、精神的にもピリリと引き締まらない。どうしても、疲れ気味になってしまいがちです。しかし、そういった子どもの様子は、お母さんの目には「要領が悪い」「ぼやぼやしている」としか映りません。ゆえに、「しっかりしなさい！」「もたもたしない！」とつい厳しい言葉を見舞いがちです。

5年生とは、大変になった分、マイナス面のことが目につきやすくなる学年と言えるのかもしれません。

しかし、前項でも触れたように、「ダメな子」と刷り込むと、ますますやる気は奪われます。だからこそ、この時期は、あえてプラスの言葉かけを親は意識したいものです。たとえば、範囲決めの定期テストで成績が振るわなかった場合、「ここができていない」とネガティブな言葉を向けるのではなく、**「この辺が分かると、もっと点が取れるね」とポジティブな言葉を向ける**など。

テストや宿題の解き直しをお母さんが手伝う時も、答案用紙の○×だけで評価せず、解答に行き着くまでのプロセスをチェック。途中までの計算はできていたのに、最後に掛け算を忘れて×になっているような時は、**「考え方はバッチリだったのに、惜しい！次で頑張ろう」と励ませばいい**のです。

大人でも褒められるとやる気が出るように、子どもも同じです。プラスの言葉をより意識して子どもに向けることで、中だるみの時期を気持ちよく乗り切りたいものです。

塾でいじめが起きた時の対処法

高学年になると、小さないじめが起きることも時にはあります。子どもにとって、揉《も》め事は「肥《こ》やし」ですから、いじめは絶対に起こしてはならないものではありません。学校でも起きるし、子どもが集まる塾でも起きます。

我が子が塾でいじめにあい、塾に相談しても解決しないと、多くの親御さんは転塾という手段をとります。学校と違い、塾は移るのが容易だからです。

けれど、いじめから逃げて新しい塾に移っても、**いじめられる要素のある子は、またそこでも同じようにいじめられてしまう場合が多い**ものです。

うちの塾にも、いじめが理由で他塾から移ってきた男子がいました。どういう経緯でいじめにあったのか、親御さんから話を聞くまでもなく、すぐに分かりました。

その子は優秀な生徒で、塾のクラスもトップのＡクラスに入りました。ところが、休み時間に１つ下位のＢクラスの子が教室に入ってきたとたん、こう言い放ったのです。

「あれっ、Ｂクラスの子が入ってきてますね。ここはＡクラスですけどー」。そんなことを平気で言う子は嫌われます。いじめられても仕方がないでしょう。

この子は塾を転々として、いじめを回避していましたが、塾を変わることより、まず人との付き合い方を丁寧に教えることが必要だったはずです。

我が子がいじめられていると、親はいじめ自体をなくそうと動きます。

もちろん、度を越したいじめや、犯罪にかかわるようないじめなら、問答無用で親や関係する大人が対処し、即座にいじめを根源からなくすべきです。

しかし、小学生同士の場合はいじめというより、揉め事レベルがほとんどです。これを親が事件化して、大人が解決しようと介入しても、逆効果になってしまうことが多いのです。

上辺《うわべ》では沈静化しても、「あいつ、親と先生にチクった」と、水面下でいじめられ続けたり、同級生から腫《は》れもの扱いされたり。いじめられた子ども自身も、親や先生の手を借りたことで、ますます教室に居場所を失ってしまうかもしれません。

そういうタイプの子は、おどおど、もじもじして、どこに行っても再び標的になりやすいので、何の解決にもならないのです。

つまり、長い目で「我が子のため」と考えた時、お母さん、お父さんが授けたいのは助ける手より、乗り越える力。そのためにも、親御さん（特にお母さん）ができることは、**我が家を我が子が羽を休められる場所にすること**に尽きます。

何も難しいテクニックはいりません。お母さんがいつも通りの笑顔で、どっしりと構えていれば十分です。子どもは外でつらい思いをしても、いつもの家で羽を休められれば充電でき、また外で頑張れます。それを繰り返すうちに、いじめを乗り越える力を身に付けられるのです。

いじめは除菌するようにはなくならないし、除菌しては子どもの乗り越える力が育ちません。

中学受験をする小学校高学年時代は、勉強だけでなく、こういった人間関係でも厳しさを学ぶ時期です。それは子どもの成長につながるので、親は我が子のためにも後方支援に努めましょう。

叱る時は厳しく、短く

私は常々、子どもを叱る時は、**「厳しく、短く、後を引かず」**を原則に、と講演などでお伝えしています。

形にたとえると、山頂が短い富士山型が理想的です。「こら！」と厳しく叱って、尾を引かない。お父さんに多い叱り方です。

しかし、お母さんの叱り方は、八ヶ岳連峰のように、頂上が横に長く連なるように、いつまでも叱り終わらないのです。

ようやく終わったかと思うと、「そういえば先月もそうだったじゃない」と、また過去のことまで蒸し返して叱り続ける。夫への叱り方と同じです。この叱り方は相手、ましてや子どもの心に届かないので、意味がありません。

中学受験期の叱り方も、原則としては同じです。厳しく、短くを鉄則にしてください。

その際、気を付けたいのは、勉強ができない、テストの点が悪いといった、**成績の悪さを理由に叱らないこと**です。

「なんで、こんな計算ができないの!?」「偏差値43？　信じられない！」などと叱っても、親の苛立《いらだ》ちをぶつけているだけで、子どもは叱られても奮起しません。

叱っていいのは、こういった場合です。

5年生になったら、社会的な約束が守れる年齢です。見通しを立てて自分で計画も立てられます。ですから、「児童館から帰ったらやる」と言っていたのに、宿題をやらなかった、「朝時間を活用して計算の特訓をする」と自分で決めたのにサボっている。このような時は、毅然《きぜん》と叱ってください。

時には、お父さんが雷を落としてもいいでしょう。子ども自身も、叱られたことが腑に落ちますから、しっかり反省するはずです。

とはいえ、叱る場面・叱らない場面を、頭では分かっていても、偏差値40のテストの成績を見せられた日には、お母さんの中では落ち込みと苛立ちがごちゃ混ぜになり、口が勝手に怒鳴り出すものです。

「塾にいくら月謝払ってると思っているの！」「受験なんてやめちゃいなさい！」と。

我が子の前で、お母さんが冷静であり続けるのは至難の業です。

そんな時こそ、塾の出番です。点数が上がらない、勉強ができないなど、叱れないけれど、お母さんが苛々することは、塾の先生に伝え、先生から発破をかけてもらうようにすればいいのです。

外の師匠がガツンと言う分には、子どもは素直に聞けます。何より、**塾の講師は感情的に叱るのではなく、どうすれば成績が上がるか、そのことを念頭に置いて注意をするので、解決策が見いだせる**のです。

また、受験生だからと、お手伝いをしなくても大目に見る、あるいは、友だちやきょうだいに意地悪をしても、受験勉強でストレスが溜まっているからと見て見ぬふりをする親御さんがいますが、これも絶対にダメです。

特別扱いをして天狗になって志望校に合格しても、行った先の学校で、友だちから天狗の鼻はへし折られます。受験でスポイルされた子は、逆に中学で居場所を失いかねません。ですから、受験期も特別扱いすることなく、親はいつも通り、毅然と子どもと向き合ってください。

塾ジプシー親子の行方

新５年生、新６年生といった区切りの時期に転塾を考えるお母さんも多いようです。

転塾の理由を大きく分けると、理由は２つ。１つは、子どもが塾に行きたくないと言い出した時、もう１つはお母さんが転塾させようと思う時です。

子どもは基本的に、居場所があれば塾を嫌いにはなりません。先生に顔と名前を覚えてもらい、「山田、このあいだのテスト惜しかったな」などと認知されていれば、たとえ勉強ができなくても塾は子どもにとって好きな場所になるものです。

学校とは違った友だちもできますから、多くの場合、子どもたちは塾生活を楽しんでいます。

ですから、人間関係で特に揉めていないのに、子どもが「塾に行きたくない」と言い出した時は、**塾のシステムに何か問題があると考えたほうがいい**でしょう。

たとえば、合格実績にとらわれ大手塾を選んだものの、子どもが大量の宿題をこなせずアップアップ状態になっているとか、短い周期で行われる塾の組分けテストに振り回され居場所を失っているなど。

これらシステム的なことで、子どもと塾との相性が悪い場合、転塾を考えたほうが良さそうです。

親が転塾を考える時は、入塾したら「話が違った」という場合が多いでしょう。たとえば、少人数制クラスと言っていたのに、生徒が増えて大人数になってもクラスを増やそうとしない。あるいは自習室を自由に使えるはずが、実際にはいつも満席で入れないなど。塾が言っていたセールスポイントが偽りだったのなら、転塾を検討すべきでしょう。

しかし、親が転塾させたい時に気を付けたいのが、転塾の目的が、子どものためではなく、実はお母さんの不満、あるいは不安解消のためという場合です。

子どもの成績が伸びないことがお母さんの不安で不満だったとします。その原因が、子どもの努力不足が大きいにもかかわらず、一方的に塾に責任をなすりつけて転塾しても、問題は解決しません。行った先々で、また不満を漏らし、次の塾を探し、塾を転々としてしまいます。こういった「塾ジプシー」になるお母さんの特徴は、塾や受験にまつわる知識が豊富で、成果にこだわりすぎる点です。

塾に完璧を求めては、粗《あら》探しのように完璧でない部分を指摘して、文句を言って辞めてしまうのです。

このように転塾を繰り返すお母さんは、塾だけでなく、学校や夫、姑やママ友、果ては社会全体にも、不満を抱きやすい傾向があるように見受けられます。つまり、自分の苛立ちを、相手のせいにして解消しようとするのです。

塾ジプシーの行き着く先は、個別塾、もしくは家庭教師です。個別なら100%、我が子に合った教え方をしてくれると思うのでしょう。しかし、不満の言い癖があるお母さんは、個別に対してもじきに不満を漏らすようになり、再び集団塾に戻ってきたりします。

いずれにしても、迷惑をこうむるのはお母さんに振り回される子どもです。

また、学習する単元に穴があくからという理由で、「転塾はしないほうがいい」とか、もし、転塾するとしても「新6年生までに」、あるいは「遅くとも6年の夏前までに」といった定説があるようですが、私の考え方としては、転塾はいつでもしていいと思います。必要であれば6年生の秋以降に塾を移ってもかまいません。ここでいいのか？

と塾や講師に不信感があったままでは、受験は戦えませんから。

ただし、転塾に際しては、それが子どものためになるかを必ず見直してから実行に移してほしいものです。塾ジプシーの親子に幸せなし。長年の経験から、それだけは確かだからです。

《6年生》いよいよ受験本番

6年生の春は、親子の温度差が大きい

新6年生になって親が戸惑うことに、子どもと親との「温度差」があります。

親御さんは、「残り時間は、あと1年」「来年の今頃は、入試本番だ」と、焦り出します。**1年間がどれだけ早く過ぎていくか、大人の中ではイメージできる**ので、「時間がない」と気が急くのです。ところが、**子どもは1年間という長さを的確にイメージできません。**したがって、新6年生を迎えても、相変わらずのんびりモード。そんな我が子

を尻目に、親はやきもきしてしまう。それが6年生のスタート期です。もっとも、この温度差は、夏には埋まります。

塾によっても多少異なりますが、6年生の夏休み前までは、5年生から引き続き、各教科をインプットしながら、総復習を並行して行う流れです。この時期はまだ5年生の延長という雰囲気で、本格的な受験モードには入りません。

しかし、各教科のカリキュラムを終了して、夏を迎えると、勉強内容も受験に特化したものが組み込まれ、むろん先生の厳しさも増すので、子どもの目の色が変わります。受験生としての覚悟が子どもの中に芽生えていきます。このように、夏の時期を迎えると、多くの子どもは本当の意味で受験生になります。ですから、春の時期に親子間で温度差があっても、親は慌てる必要はありません。

情報に振り回されない勇気が大切

ネットや受験専門雑誌、あるいは受験するママ友から見聞きして、お母さんが購入するのでしょう。6年生になって、塾のカリキュラム以外の問題集を持っている子をたまに見かけます。「その謎の問題集はなに?」と尋ねると、「お母さんが買ってきた」とのこと。

残り時間が1年を切ったこの時期になると、「偏差値5アップを約束するテキスト」だの、「○○中学に受からせたカリスマママがすすめる問題集」など、話題になった教材に飛びつきたくなる気持ちは分からなくもありません。が、つまみ食い的に新しい問題集を始めたところで、時間の無駄遣いとなり、いい結果に結び付くとは思えません。

しっかりした塾ならば、万全なカリキュラムを組んでいるはずです。そのカリキュラムで、できない単元、たとえば、算数で比が苦手なら、その部分を強化する学習を繰り返しすることが肝心です。比を使った問題にも基本的なものから、応用的なものまでありますから、塾の先生と相談しながら弱点を克服すればいいのです。

また、5年生の時には理解できなかった単元が、6年生のある時期にくると、霧が晴れたように理解できることも多々あります。

ですから、**安易に新たな問題集に手を出すより、塾の先生と二人三脚でこれまでの問題集を洗い直したり、テストなどで発覚した弱点強化に努める。**それが、この時期に最適な勉強法です。

気が急いてしまうお母さんの中には、夏前から過去問（志望校の過去の入試問題集）をやらせようとする方もいますが、これも無意味です。カリキュラムが終わっていない段階で解いても、できたかできていないか、結果はあやふや。結局、総仕上げが終わった秋以降に、再び解き直しをすることになります。

大手塾の中にはスピード勝負とばかりに、5年生ですべてのカリキュラムを終了し、6年生の春から、受験対策や過去問に入るところもあります。しかし、スピードに乗れる一部の優秀な子どもならともかく、そうでない子どもは、理解できないまま先に進んでいるわけで、結局、過去問を解きながら、穴があいた単元を解き直さなくてはならない。外からは効率的に見えても、実際は非効率だったりするわけです。

ともすれば、浮足立ってしまうこの時期だからこそ、氾濫《はんらん》する情報に惑わされず、必要・不要な情報を取捨選択する冷静さを持つ。それが、親御さんの課題と言えそうです。

志望校選びのポイント

6年生の春には第1志望校のほか、併願校もおおむね決めさせる塾があるようですが、この時期は1校だけ志望校が決まっていれば十分だと考えます。

なぜなら、大人と違い、子どもは日々成長し、変化しているからです。ですから、憧れでもいいので「行きたい」「行かせたい」と思える志望校をまず1校決め、受験勉強のモチベーションにしつつ、子どもの成長などを見ながら、秋以降で本格的に志望校を絞り込んでいけばいいでしょう。

この時期の子どもの変化は、赤ちゃんが大人に成長するほど大きな場合もあります。

たとえば、ある塾生のケースでは、もともと算数が好きという土台はあったものの、得点には至らなかった男子が、幼さが抜けた6年生の夏に大化け。別人のように難問をスイスイ解けるようになりました。むろん、志望校も難関校へと変わりました。

また、ある女の子の場合、のんびりした性格が目に余り、6年生の春では、この性格を矯正《きようせい》できる、しつけの厳しい志望校を親御さんは考えていました。しかし、夏が過ぎ、秋が来て、のんびりペースでも懸命に勉強する我が子の姿を見て、親御さんは持って生まれた資質をあえて矯正しなくても良いと考え直しました。

したがって、志望校も自由な校風の学校に変更。それにともない、入試問題の傾向も変わったため、勉強内容も何を強化するかを再検討しました。

このように、子どもは日々変化しているので、志望校を早期の段階で決定し、そこにこだわりすぎない方がいい場合もあります。

また、４年生のうちから志望校を決定し、合格を熱望するご家庭もありますが、これもケースバイケースで善し悪しだと思います。

私の塾生で、武蔵中学だけを目指していた親子がいました。武蔵の自主性を尊重する校風がたいそう気に入り、我が子も武蔵でたくましい男に育てたいと熱望されていました。このご家庭は、「武蔵だけを受験して、もし落ちたら、地元の公立中学に行く」と方針も決めていました。その子は残念ながら武蔵中学に合格せず、予定通りに公立中に進みましたが、本人もご両親も「やるだけやったので、悔いはない」といった清々しさがありました。

ご両親が一枚岩で、武蔵に落ちたら、公立とブレずに決めていたので、子どもも前向きに公立中学に進学できたのでしょう。このようなご家庭の場合、志望校ありきの中学受験も良いと思います。

ところが、同じように早期の段階で熱望する志望校があっても、ご夫婦が一枚岩でないケースもあります。

その女の子のご両親は、4年生からある中学を熱望していました。お嬢様学校として名高い上位校です。このご家庭は、地元の公立に行く気はありませんでした。ところが、その学校への入試対策はするものの、いつまでも併願校を決められずにいました。「愛する人は1人だけ。それ以外は考えられない」といった様子だったのです。

このケースは、ご夫婦が一枚岩に見えて、実は一枚岩ではありません。

一目ぼれのように行かせたい学校がご夫婦で一致していても、**目の前の我が子に本当に合う学校かという観点で、話を深めていない**からです。

なぜ、その学校に行かせたいのか？

その学校で我が子にどう育ってほしいのか？　我が子にとって幸福な6年間が過ごせ

る学校なのか？　それらの問いに答えを出すことなく、単に学校のネームバリューだけに魅かれて決めていたのです。

　こういった親御さんは、志望校を詰めていく段階で大きくブレます。そもそも、「なぜ中学受験をさせるのか」、そのことすらご夫婦で満足に話し合っていないからです。

　ここじゃなきゃダメだという狭い受験にすると、しわ寄せは子どもにきます。

　柔軟に志望校を検討するためにも、親は志望校を決める前に、じっくりと「何を大切に志望校を選ぶのか」を話し合っておきたいものです。

御三家で下位より二番手校で上位に

　志望校を選ぶ上で、親御さんが必ずチェックするのが、学校の偏差値。できるものなら、少しでも高い学校に入れたいと願うものです。

　しかし、水を差すようですが、「あと偏差値5があれば御三家に合格できる」といった子が、**すれすれで合格しても、あまりいいことはない**と、これまでの経験から感じます。

　たとえば、ダメもとの受験の末、奇跡的に開成中学に入っても、「開成に合格したあの日が、人生のピークだった」ということになりかねないのです。

というのも、すれすれで合格した子は、喜びも束《つか》の間、入学して間もなく、自信を奪われてしまいがちだからです。クラスメイトはトップを極める優秀な子揃い。どう頑張っても太刀打ちできません。試験のたびに、クラスの中では成績のピラミッドが確立していきます。

当然、下位で合格した子は、ピラミッドの末端が指定席になります。這《は》い上がろうとしても、上位層がとてつもなく優秀ですから、簡単には席を譲ってくれません。

やがて、自信を失い、替わりに大きなコンプレックスを抱くようになります。

開成で平均以下の下位層でも、全国的に見れば十分に上位層です。しかし、そういった理屈は子どもには通用しません。人間、特に青少年期のこの時代は、日々、同じ教室で机を並べた仲間との、まさに皮膚感覚の世界が唯一無二で、判断基準はその世界の中だけだからです。

ですから、コンプレックスを抱えたまま中高と6年間を過ごし、性格が屈折してしまう生徒も少なからずいます。社会人として仕事をする中で、「開成出身の慶応卒」のような学歴ながらも、コンプレックスの塊《かたまり》になっている人をたまに見かけます。開成に行ったのに、東大に合格できなかったことが一生の不覚だと思い込んでいるのでしょう。慶応大学卒なら十分に高学歴なのに、素直に受け入れられないのです。

前置きが長くなりましたが、そのようにコンプレックスが強くならないためにも、偏差値の高さにこだわり、我が子に必要以上の背伸びを強《し》いる受験は、おすすめできません。**大切なのは、中学受験そのものより、人生そのものであるはずです。**そこを親の目先の欲で狂わせてはいけません。

開成中学で下位層にいるより、御三家の二番手校と言われる、海城《かいじょう》、芝、巣鴨あたりで上位にいたほうが、どれだけのびのびと学生生活を謳歌《おうか》できることか。授業内容だって、御三家も、これら二番手校も変わりはありません。友だちの質だって、まったく見劣りしません。何より、のびのびと自信を持って6年間過ごすことで、開成の下位では成し遂げられなかった、東大への合格もグンと可能性を増します。

二番手校と御三家とで唯一違うのは、「おたくのお子さん、どこの中学？」と聞かれ、「開成です」と答えた時の、「まあ、すごい！」という相手の反応くらいでしょうか。

親の見栄と、子どもの幸福を秤《はかり》にかけて、どちらが大事かは言うまでもありません。我が子が充実した6年間を過ごすためにも、群れのトップ、少なくとも、真ん中より上位でいられる志望校を選ぶことです。

中堅校からでも一流大学に入れる

志望校を決める時、親御さんが少しでも上位校を狙いたくなるのは、6年後の大学進学実績が上位校の方が勝《まさ》っていることも一因でしょう。

むろん、中学入学時の偏差値の高さと、大学への進学実績はおおむね比例していると言えます。とはいえ、上位校に入ったからといって、確実に我が子が志望大学に入れるとは限りません。同様に、中堅校と呼ばれる偏差値50前後の中高一貫校からも、十分に国立・早慶に合格できます。

むしろ、面倒見の良さで言うと、上位校より中堅校の方が勝っているので、やる気のある子には手厚く指導してくれる面もあるほどです。

これも、前項の「群れのトップでいる」ことに通じるのですが、一度でもトップに立った子は、その成功体験から「トップから落ちたくない」と考えます。ですから、中堅校でトップクラスの子は熱心に勉強を続け、常に上位をキープします。中堅校からでも志望大学に合格できる可能性は高くなります。場合によっては、成績上位の推薦枠を利用して、一足早く志望大学に合格できる確率も出てきます。

そういう意味でも、無理をしてまで上位校にこだわらず、中堅校も志望校の１つとして検討する価値は十分にあります。

入試まで２カ月を切った６年生の12月に、今まで視野に入れていなかった中学を見学に行ったお母さんがいました。その中学は娘さんの偏差値より、10ポイント近く低く、受験圏外と考えていたそうです。ところが、何となく気になって訪れたところ、学校の雰囲気も、校風も、先生の対応や生徒の雰囲気まで、何から何まで気に入ってしまったのだとか。お母さんが、その学校を志望校の１つに加えたのは言うまでもありません。

結局、その子は第１志望校に合格し、そちらに行くことにしましたが、**「もし第１志望校がダメでも、我が子にはあんなに素敵な学校が待っている」と、思えたことで気持ちが楽になった**と言います。このように、合格安全圏内で気に入った学校を見つけられると、お母さんにとっても、子どもにとっても心の保険になります。

6年生の秋以降も、時間が許すものなら学校を回ってみるといいでしょう。偏差値の高さやネームバリューに左右されない、お気に入りの学校が見つかると、精神的に楽な受験ができるものです。

公立中高一貫校という選択

スクールFCでも以前から設けていますが、ここ数年、公立中高一貫校のための受験コースを設ける塾が増えています。

首都圏の公立中高一貫校18校平均の実質競争率は7・8倍（2012年）。公立中高一貫校への応募者が増え、試験対策をとらないと合格が難しいことから、塾でも公立入試に特化したコースを新設しているのでしょう。

公立中高一貫校は、公立の学費の安さと、6年間の一貫教育のメリット、その両方を併せ持つところが人気の秘密と考えられます。

東京都では、平成23年度の白鷗《はくおう》を皮切りに、いくつかの公立中高一貫校が、初めての卒業生を出し始めています。白鷗は東大に5名の合格者を出すなど（平成23年度）、まずまずの結果でした。とはいえ、全体的に見て、公立中高一貫校の歴史は浅いので、6年間にわたる一貫教育のメリットを大学進学実績に反映させるには、しばらく時間がかかるかもしれません。

ところで、**適性検査と呼ばれる公立中高一貫校の入学試験は、私立校とは毛色の違う問題が出題**されます。

作文のほか、教科の垣根を取り払ったような総合的な問題が出ます。そこで問われるのは、日常的な感性や観察眼、問題意識を持っているか、などの点。

たとえば、テレビのニュースを見て、「この問題には、こういう背景がある」など、問題意識を持ち、テーマを掘り下げていく目線の有無を見極めるような、社会に役立つ力を試すような問題が目立ちます。学校側としては、学力とリーダー的な資質を併せ持ったバランスの良い子どもを取りたいという意向が強いのでしょう。私の目には、「良問揃い」という印象があります。

しかし、本当の地頭《じあたま》の良さを見るような良問だからこそ、公立中高一貫校は、「ここまでカリキュラムを仕上げておけば受かる」という決定打がありません。

学校の勉強だけでは通用しませんし、ある程度、私立上位校レベルの勉強をしておかないと、太刀打ちできないのです。

ここ数年の傾向として、私立と公立中高一貫校の併願も目立つようになりました。

東京都の公立は、試験日が2月3日に固定されているので、公立私立の併願の場合、1日、2日に私立、3日に公立、4日以降に私立という日程を組めます。

私立が本命で、公立を併願する場合、これまで培った私立受験用の学力があるので、公立を受けるにあたり潰しが効くのですが、逆の場合、公立に合わせた勉強だけで、私立校を突破するのは、志望校のレベルにもよりますが、かなりハードルが高くなります。

まだまだ未知数の部分が多く、その分、将来どのように発展するか楽しみでもある公立中高一貫校。私立校と併せて志望校として検討する余地がありそうです。

6年生の夏休みは天王山

6年生の夏は、子どもによって、大きな成長が顕《あらわ》れます。

どんな子が伸びるかというと、意識改革ができた子です。夏の時期に、受験生としての自覚が持てると、入試本番までの半年間、子どもたちは一心に勉強に打ち込みます。秋から冬にかけては、まるで本番に向けて力を高めていくオリンピック選手のように、研ぎ澄ましたオーラが漂うほどです。

子どもの意識改革を促すのは、外の師匠である、塾の講師の役目です。

この時期、多くの塾で受験生を対象にした夏の合宿を行います。私のところでも勉強合宿と銘打ち、主に中学受験をする小学6年生と高校受験をする中学3年生を対象に、合宿をします。この合宿の大きな目的は、意識改革です。

ですから、合宿の初日に、「緩んだ心をビンタ」するように、私は厳しいことを言い放ちます。「こんなに生ぬるい雰囲気だと、みんな落ちるぞ」くらいのことをガツンと。容赦《ようしゃ》なしで一喝すると、子どもたちは顔色を変え、顔つきが変わります。甘さが吹っ飛び、負けるもんかと本気になる。本当の受験生になれるのです。

気合いが入れば、子どもはとてつもない集中力を見せ、勉強に打ち込みます。6年生になると、体力も付くので、大人顔負けで長時間、問題を解き続けます。長い授業が終わっても、「先生、もう一問やらせてください」と懇願する子もいるほどです。

夏休み中の子どもたちは、やることが満載で、とにかく忙しい日々を過ごします。長期間の夏期講習を含め、夏休み期間はほぼ毎日塾通いするのが日課です。

どの塾でも、夏休み前には受験用の単元が終了するので、夏休み中は、これまでの総復習や、入試問題に特化した実践編の演習問題などを解いていきます。

総復習で知識の定着を目指し、穴が見つかったら、その部分を補強。また、入試問題にも慣れるために、「重い問題」にも挑みます。ただし、この時期も基本が大切という点は、変わりません。塾では基本問題をやる時間が限定されますので、自宅学習で基本を繰り返し行えるといいでしょう。

夏の初めにスイッチが入った子どもは、主体性が備わっているので、夏休み期間の勉強スケジュールも自分で立てます。ただ、6年生とはいえ、やる気が空回りして、無茶な予定を立ててしまうこともあります。お母さんが相談に乗り、「いつまでに何ページ」といった具合に、**「40日間を通して、できる予定」を立てられるよう指導してください。**

また、スケジュール管理と併せて、お母さんにお願いしたいのが、体調管理です。

というのも、体調を崩して夏期講習を休むと、１日の授業時間が長い分、しわ寄せが結構出てしまうからです。

元気に通塾するためにも、エアコンをつけたまま寝ない、食事で冷たいものをとりすぎない、夜更かししないなど、お母さんがチェックしてあげてください。

それから、これは中学受験を控えた６年生の夏の項に挙げるには、本来適していないかもしれませんが、私自身は大切なことだと感じているので追記します。

花まる学習会では毎年、夏の時期に、サマーキャンプを行っています。親から離れ、自然の中で思い切り外遊びや野外学習をするのです。川で魚を獲ったり、星を観たり、カブトムシを獲ったり。参加した塾生たちは大喜びです。

しかし、子どもが幼稚園から小学校の中学年くらいまでは、「子どもは外遊びに尽きます！」と、我が子を迷いなくサマーキャンプに送り出していたお母さんたちも、多くは小学校高学年になると、別人のように「先生、勉強させてください」と、一転します。

むろん、中学受験を控えている６年生では、サマーキャンプどころではなくなるのも当然でしょう。キャンプで魚を捕まえている時間があったら、１問でも多く問題を解いてほしいと思う気持ちも分かります。

ただ、6年生だからこそ、そして、勉強が追い込みの時期だからこそ、サマーキャンプに参加することで、新たな収穫が期待できるようにも思うのです。

実は昨年、うちの塾生が、6年生の夏にサマーキャンプに参加しました。難関校を目指していた男の子です。本来なら、勉強合宿には参加しても、キャンプどころではないと考えるものです。ところが、本人の行きたいという意思を尊重して、お父さん、お母さんが大賛成で送り出してくれました。「キャンプに行ったくらいで、勉強に支障は出ません。それより、自然の中でいろんなことを体験させてやってください」と。教育の原点を分かっている、筋の通った親御さんだと感心しました。

その子は、もともと魚を包丁で三枚におろすことが得意な子なのですが、川で獲った魚をその場でさばいたり、バック転での飛び込みに挑むなど6年生ならではのレベルの高い野外体験で、たくましさが一段と増しました。そして、野外体験を楽しみ尽くして帰ってからは、勉強に励み、見事最難関校の1つに合格しました。

野外キャンプで経験したさまざまなことが、勉強をやり切るという意欲にもつながったのだと思います。

子どもが主体的に勉強してこそ、受験は意味のあるものになります。子どもの主体性を引き出すのに、野外キャンプはうってつけです。そういう意味でも、今後、6年生の夏にサマーキャンプへの参加を申し出る、骨太な親子が増えればいいと、密かに願っています。

秋からは模試のシーズン

9月からは、模擬試験が本格的にスタートします。

首都圏の受験生がよく受けるのは、三大模試と呼ばれる、「首都圏模試センター統一合判」、日能研の「全国中学入試センター模試」、四谷大塚の「合不合判定テスト」。ほか、SAPIXなど塾が主催する、難関校に的を絞った学校別の模擬試験も行われます。

すべての模試を受ける必要はありません。三大模試を全部受けないとデータが足りないということはまったくないので、必要なものだけを選びたいものです。

「合不合判定テスト」は、9月から12月まで月に1度、計4回行われます。豊富なデータに基づいた出題には、定評があります。基本的には、この4回のテストだけで十分です。上位校より、中堅校以下の志望校の判定を希望するなら、「首都圏模試センター統一合判」を参考に、また、御三家をはじめ難関校の学校別・合否判定を希望するなら、「学校別サピックスオープン」などの模試が参考になります。模試にも特徴があるので、目的に応じて選び、上手に活用したいものです。

とはいえ、あれこれ申し込みすぎて、貴重な土日の勉強時間がなくなってしまった、ということがないよう、ご注意ください。

模試の結果から弱点を洗い出し

夏の時期には、我が子の後方支援を冷静沈着に行っていたお母さんの多くが、自分を見失うほど焦り出すのが、模試の結果が出始める秋以降です。

あれだけ夏に頑張ったのに、どうしてこの偏差値なの？　これでは第1志望校なんて夢のまた夢……と、全国規模でたたき出された我が子の偏差値を見て、厳しい現実を思い知るからです。「たかが模試、されど模試」です。模試の結果は真摯《しんし》に受け止めなくてはなりません。が、だからといって、その結果に一喜一憂する必要もありません。というのも、模試には、志望校の合否の判定だけでなく、むしろそれ以上に、苦手分野を洗い出すという大きな役割があるからです。

模試は、標準的な傾向の問題が、易しい問題から難問までまんべんなく出るので、苦手分野を洗い出すには最適です。しかも、個別に問題ごとの評価が出るため、自分の弱点が把握できるようになっています。**ですから、解けない問題を抜き出していけば、理解できていない単元が一目瞭然で分かります。**そこを強化していけば、穴は埋めやすくなります。

また、塾の先生と志望校について相談する際も、「志望している〇〇中学の入試は、苦手な単元が頻出するので、得意な単元が出やすい××中学を志望校に変更したほうが点数はとりやすい」といった偏差値だけでは分からないアドバイスも受けられます。

さらに、模試の偏差値は受ける時期でも変動することを頭に入れておくと、必要以上に落ち込まずに済みます。

６年生の４月、あるいは７月にも予備的な模試が行われます。この模試を受けた時、まずまずの偏差値だったにもかかわらず、秋以降の模試の偏差値が伸び悩む場合があります。こんな時、夏にあれだけ頑張ったのに、上がるどころか、なぜ下がるのかと親も子も不安になります。しかし、場合によってはまったく心配はいりません。

それは、我が子が伸び悩んだのではなく、**周囲が力を付けてきたために、偏差値という数字に我が子の伸びが表れなかっただけ**という場合です。

我が子も確実に伸びている、そのことを確認するためにも、「何ができて、何ができなかったか」を、見分けられるといいでしょう。

たとえば、模試で子どもの間違えた問題をコピーしてノートに貼り、弱点強化用の「復習ノート」を作っておく。こうすれば、以前のテストでできなかったところが、今回は解けた場合、一目瞭然です。以前と比較して、できない項目が着実に減っていけば、たとえ偏差値に反映されなくても、自信につながります。

このように、模試の結果は幾通りにも使い道があります。くれぐれも偏差値と志望校の合格率だけを見て終わりにはしないでください。

塾の追加メニューはどうするか

6年生の秋から年末、年始にかけて、多くの塾では土日や冬休みを対象に、追加メニューを設定します。これらのオプションメニューを受けたほうがいいのか、講演に行った先などでお母さんから相談を受けることがあります。

「みなさん受けていますが、受けなくていいのですか?」「受講した方は、みなさん合格していますよ」などと塾の講師に言われると、受ける必要があるか半信半疑でも、高額な受講料が家計に痛くても、仕方なく申し込んでしまうと。

私自身、塾の経営者ですから、オプションメニューは意味がないとは言えない立場です。現に、うちで夏休みに行う勉強合宿は、受験生の意識改革をする上で、是が非でも受けてほしい自信のあるメニューです。

ただ、塾によっては営業成績を上げるために、むやみに追加メニューをすすめるケースも残念ながらあるようです。そんな時の見極め方は、やはりみなさん受けていますといった、**お母さんの弱みに付け込む誘い文句があるかを一つの目安にしてください。**不必要なメニューで貴重な時間を削られるより、自宅で弱点強化のための問題をひたすら解いていた方がずっと有意義ですから。

また、こういった塾への不信感をなくすためにも、日頃から子どものことを相談するなどして塾の先生とコミュニケーションをとっておくといいでしょう。先生が我が子のことを分かってくれていたら、「○○ちゃんは、ここが弱点だから、このメニューは追加したほうがいい」と、**本当に必要なメニューをすすめられる**し、先生とお母さんとの間に信頼関係ができていれば、迷うことなく先生の言葉を信じられます。

「最近、受験のストレスで、妹に八つ当たりしています」「深夜2時3時まで勉強していて翌朝、朦朧《もうろう》として学校に行くので心配です」。こういった、我が子の変化は遠慮なく塾に相談してください。子どもの情報を親御さんとツーカーで共有するのが理想だと私は思うし、そうすることが塾の使命だと思うからです。

入試直前、小学校には登校すべきか

受験まで1カ月を切った冬休み明けの1月から、学校を休ませる親御さんがいます。学校に行かず、ひたすら自宅と塾とで受験勉強に集中するためです。これに関しては、そんなことはすべきではないとは思います。ただ、ほかのことと違い、こうすべきだとも強く言い切れないのが本音です。

常識的に考えて、1月のこの時期になって、**たかだか2週間詰め込んだくらいで、合否の結果が変わるとは思えません。**中学受験とは、コツコツと積み上げていくものですから。

しかし、本人が死ぬほど合格を勝ち取りたくて、そのために学校を休んででも勉強に打ち込みたいのなら、後悔がない受験にするためにも、休むという選択肢を否定はできません。これが、子どもは学校に行きたがっているのに、親が学校を休ませ、受験勉強に集中させたいというのなら、話は別。むろん、登校したほうがいいでしょう。

また、学校でインフルエンザが流行しているなどの場合も、登校は控えたほうが賢明です。

このあたりは、ご家庭で臨機応変に判断してほしいものです。

理想とするのは、受験直前の時期も、変わりなく学校に行って、ふだんの生活を送ることです。受験日の入試時間を考慮して、朝型に切り替えることは必要ですが、生活自体はふだん通りを心がけたいものです。

生活パターンを変えると緊張しやすくなるので、お手伝いで風呂洗いをやっていた子なら、受験前日も風呂洗いをさせましょう。いつも通りの生活こそ、気持ちを安定させる、とっておきのおまじないになるからです。

第3章

中学受験生の母親の心得

幸せな母親像が、我が子を幸せにする

はた目には分からない孤独な子育て

太陽のようなお母さん。それが、子どもにとって理想的な母親像です。しかし、今の時代、孤独な子育てをしているお母さんが少なくありません。

花まる学習会を立ち上げて以来、私は塾の講師として、そして、年間100回を超える講演の場で、多くのお母さんたちと接してきました。その経験から気づいたことは、**孤独な子育てをしているお母さんには特徴があること**です。

たとえるなら、四年制大学卒、専業主婦の真面目なママ。このようなタイプが、もっとも危《あや》うい。一見すると、社会的地位のある夫がいて、かわいい子どもにも恵まれ、何不自由なく暮らしているお母さんが、孤独で、心を壊すようにして子育てをしているケースが少なくないのです。

以前、塾の個人面談の席でも、お母さんの孤独を目《ま》の当たりにしました。彼女は夏休

みには家族でハワイに行くような優雅なご家庭の美しい奥様でした。子どもは問題なく育ち、はた目には幸せそうに見えます。ところが、私と話すうちに、防波堤が決壊するように泣き崩れてしまったのです。泣くような話題にはなっていません。一体どうしたのかと、私のほうが驚いたほどです。彼女の夫はエリートでした。忙しい夫は、何不自由のない生活は約束してくれるが、子育てをする妻へのいたわりに欠けていたのでしょう。はけ口が見いだせず、それが突然泣き崩れるほど、彼女を不安定にしていたのだと思います。

このお母さんは、決して特殊なケースではありません。というのも、お母さんたちを取り囲む環境そのものが、病みやすさをはらんでいるからです。

四年制大学を卒業して、出産を機に家庭に入ったようなお母さんは、学力もあり、一定の社会経験もあります。だから、今まで勉強や仕事を頑張ってきた延長で、子育てもしっかりやろうとします。**仕事という社会との接点が消えた分、優秀な母親として、評価を得ようと考えてしまう**のです。しかし、そもそも子育ては、勉強や仕事とカテゴリーが違います。頑張った見返りが、達成感として約束されるものではありません。

だから、頑張れば頑張るほどお母さんは、苦しくなってしまうのです。この状況に追い打ちをかけるのが、核家族という生活環境です。

私の子ども時代は、ご近所づきあいが十分に機能していました。熊本県人吉市という町で生まれ育ったのですが、田舎なので当時はちょっとお使いに行く時など、玄関に鍵をかける習慣もありませんでした。ですから、母が留守の時に、近所のおばさんが勝手に上がり込んでいて、学校から帰った私を「おかえり」と迎えてくれることもしばしば。「おせんべい食べる？」などと、自分の家みたいに茶だんすを開け、お菓子を出してくれたものです。

このように、近所の先輩母さんが、当たり前に自宅に出入りすることで、お母さんたちは人とのコミュニケーションが自然にとれたのです。煩《わずら》わしい側面もあったでしょうが、孤独感とは無縁でいられたわけです。

ところが、現代社会では勝手に他人の家に上がったら、それこそ通報されてしまいます。防犯対策が徹底していて、鍵は二重、三重に付けられ、近づくと防犯灯がピカッと光ったり。人を寄せ付けない雰囲気です。

パソコンや携帯端末も普及し、人とかかわらなくても買い物も済ませられる。ネットで知り合った顔も知らないママたちと、情報交換もできます。生身《なまみ》の人とかかわらなくても、生活できるため、特に小さな子どもを持つお母さんは、密閉された家庭にこもりがちになってしまうのです。

そして、「今日は１日誰とも話さなかった」という日が続き、次第に苛々してくる。高じると、心が壊れたように、不安定な状態で子育てをするようになってしまう。まさに、現代病と言えるのかもしれません。

こんな時、頼りたいのは夫です。

しかし、夫は仕事が忙しく、帰宅も遅い。帰ってきても、妻の話をろくに聞こうともしてくれません。ストレスが解消されないお母さんは、子どもに八つ当たりしては、自己嫌悪に陥り、我が子の寝顔に「ごめんね」と謝る。

かわいい子どもがいても、働き者の夫がいても、とても孤独。それが、現代のお母さんの姿なのです。

「夫は犬」だと思えばいい理由

お母さんの孤独な子育てを救ってくれるのは、本来、夫であるべきです。しかし、夫は仕事に忙殺され、家庭内でほとんど存在感がありません。早く帰ってきても、ビール片手にテレビのスポーツニュースに見入っていて、妻の話を聞こうともしません。たとえ聞いていても、話すそばから、「で、何が言いたいわけ？」。急かされたようで、話す気もなくなります。

子育ての大変さを共有してくれない。それだけでも腹が立つのに、夫は脱いだ靴下を裏返しのままリビングに放置したりと、妻の仕事を増やす始末。こちらは、毎日の家事と子育てでヘトヘトですから、妻の苛立ちが日増しに募っていくのは当然のことでしょう。

そのため、やがて妻は悟ります。夫に期待しても、裏切られた気分になるだけ。だったら、もう夫を当てにするのはやめようと。

むろん、そうはいっても一応は家族です。子どもの前で、不在のパパの話題も出します。が、その内容は、「今日もパパ遅いね〜、いっつもだね〜」「早く帰ってくるって言ったのに、嘘つきだね」など、恨みつらみがほとんど。**お母さんは無意識に、夫の悪口という毒の汁を、子どもに垂れ流してしまうのです。**大好きなお母さんが口にする父親への不満は、子どもを父親不信にするのに十分です。我が子が育つ過程で、悪影響が出るのは言うまでもありません。

ですから、愛する我が子のためにも、お母さんには**お父さんを見直してほしいのです。**もとより、あの夫です。今更見直せないというご意見ももっともです。そんな方におすすめしたいのが、夫の見方を変えるテクニックです。

夫を大人の人間だと思うから、欠けた部分に腹が立つのです。ならば、こう考えてみてはどうでしょう。夫は犬、だと。

なにも、夫をバカにしての提案ではありません。そもそも、男と女は別の生き物です。本来、分かり合えない部分がたくさんあります。ところが、夫婦になると、互いに分かってほしい、分かってくれているはず、という甘えの気持ちが強まる。結果、理想と現実にギャップが生まれ、不満が膨れ上がってしまう。

しかし、相手（夫）を犬だと思えたらどうでしょう？

犬が朝の散歩をしたいと尻尾《しっぽ》を振っている姿を見て、飼い主であるあなたは、「あ、散歩だね」と犬の気持ちを察します。間違っても、「私、今日は気分が乗らないから散歩には行かない」などと、犬に自分の気持ちを押し付けはしません。同様に、犬が耳の後ろを掻《か》いていても、お腹を出して寝ていても、「なんで、そんなことしているの？」とは思いません。相手は犬。だから、当然のこと。自分の気持ちを１００％相手（犬）に寄り添わせることができるのです。

これを夫に置き換えてみてはどうでしょう。「何で、人の話を聞かないの？」「何で、脱いだ靴下を裏返しのままにするわけ？」と腹を立てても、夫は犬。**自分とは違う生き物だと思うと、そんなものかと受け入れられます。**分からない分、イマジネーションを働かせて向き合おうともします。「ポチ」など、親しみを込めて、心の中で呼び名をつけると、夫を犬と思い込みやすくなります。ぜひ、お試しください。

また、犬である夫は、単純でもあります。

昔の女性は、上手に男性を立てていました。一番風呂に入れ、食事もお父さんは一品多く出したりと。しかし、今の時代、残業で深夜に帰宅するお父さんには、子どもの残り物を切り取ったようなおかずと、冷や飯がテーブルの上に並んでいるだけです。これを食べ続けるうちに、お父さんの家族への愛は冷めていきます。そうならないためにも、お母さんは一工夫したいものです。

たとえば、夕飯を子どもの皿に盛る前に、「これはお父さんの分」と、残り物ではなく、まずお父さんの分から皿に取り分け、ラップをかけておく。そうすると、何かの拍子に「お父さんの分、いつも一番にお皿によそっているよ」と子どもから聞かされたお父さんは、もう単純に感動し、ますます家族のために働くでしょう。それに、お母さんが一番におかずを盛る我が家のお父さんは、子どもにとっても遅くまで家族のために働いてくれる偉大な父。不在がちでも、我が子の中で父親の良いイメージが定着しやすくなります。

もちろん、妻の話に耳を傾け、子育てにも積極的にかかわる夫が理想です。しかし、残念ながらそれができる夫は、ごく少数。ないものねだりをして、不満をため込むより、「夫は犬」「いなくてもパパが一番」など、考え方や、やり方を工夫して、生活していきたいものです。

目指すは大らか母さん

以前、ある講演で東大生を対象にしたアンケート結果を聞いて、なるほど、と思ったことがあります。全員が○を付けた項目が2つだけあったそうです。1つは「親に勉強しろと言われたことがない」こと。そして、2つ目が、「いつも母親がニコニコしていた」という項目だったとのこと。

お母さんが上機嫌だと、家庭も円満。子どもも自己肯定感を高めやすくなり、その結果、学力もトップレベルに達するということでしょう。

このように書くと、「では、私もニコニコ母さんでいなくては」と、意識的に子どもに笑顔を向けるお母さんがいます。しかし、義務感で笑顔を作っても、目が笑っていないので子どもに気味悪がられるだけです。

子どもの中での「上機嫌な母親像」とは、四六時中、ニコニコしているのではなく、たとえば、お母さん手作りの食事を、もりもり食べていて、**ふと顔を上げたら、おふくろの穏やかな笑顔があった**、といったものです。お母さんが自然体で機嫌よくしていれば、それだけで子どもは安心して、のびのびと育つものなのです。

この章の冒頭でも触れたように、現代のお母さんは孤独な子育てをしています。それがストレスとなり、お母さんの笑顔を消していく。ならば、上機嫌になるためには、ストレス発散のガス抜きができるといいわけです。

そこで、いくつかの有効なカードをご紹介しましょう。

まず、１枚目は、「ママ友」カードです。子育ての悩みを打ち明けたり、夫の愚痴や悪口を本音で言い合えるママ友ができると、グンと気持ちが軽くなります。たとえ問題は解決しなくても、話すだけで互いにスッキリ。美味しいスイーツなどを添えればさらに上機嫌になれます。子どもが小さいうちはもちろん、思春期になっても子どもの反抗期などでお母さんの悩みは尽きません。気心が知れたママ友や、先輩ママを持つことをおすすめします。

２枚目のカードは、「仕事」です。働いていれば、いやおうなく子育てから切り離されます。また、仕事で評価されれば、必要以上に母親としての評価を求めようとは思いません。よって、いい塩梅《あんばい》に母親業の手を休められ、大らかな子育てができます。

そして、3枚目は「嵐」カード。これは、「韓流」カードでも代用できます。要は、アイドルグループの嵐や、韓流スターなどの、ドラマを観たり、コンサートに出かけたりして、ウキウキ感を得ようということです。もはや夫にはときめかないお母さんがほとんどでしょう。乙女のように楽しい気分で日々生活するためにも、アイドル系のカードは侮《あなど》れない1枚です。

さらに、最近発見したのが、「実の母」カードです。塾生のお母さん方と面談をした際、大らかな子育てをして、天真爛漫《てんしんらんまん》な子どもを育てているお母さんには、共通点があることに気付きました。それが、自転車で20分くらいの場所に、実の母親が住んでいること。子育てに煮詰まった時など、自転車を飛ばして会いに行き、愚痴を聞いてもらうそうです。「あなたも子どもの頃は聞き分けできなかったわよ」などと実母に言われると、リアリティがあり、「そんなものか」と気が楽になるのでしょう。肩の力を抜いて子育てができるのだとか。自転車で通える距離に実母がいなくても、今はパソコンのスカイプ機能で、顔を見ながら通話ができますので、試してみるのもいいでしょう。

とはいえ、どんなカードを使っても、大らかなお母さんになれないという女性もいるでしょう。お母さん自身が子ども時代に、実母に愛されて育てられた記憶がないというケースです。このような女性は、実母との関係が悪く、いい母親像が描きにくい。自分が実母からされて嫌だったことを、我が子にしてしまい、自己嫌悪に陥るという話も聞きます。

　そういったお母さんは、無理をして大らか母さんを目指さなくてもいいのです。ただ、大らかになれないお母さんは、自分だけではないことを知っておいてください。

　この仕事に長年携わって思うのは、みなさん多かれ少なかれ、事情を抱えて生きていること。**人と比べて自分だけ愛情が少なかったと悲観するのは大間違い。みんなあえて自分の不幸な部分を見せていないだけです。**

　お母さん方と会話していると、何気なく自慢話を挟んでくる方がいます。「別荘を買いました」とか「夫に指輪を買わせちゃいました」などと。この手の幸せ自慢を聞くと、ああ、満たされていないのだなと思ってしまいます。

　なぜなら、幸せをアピールしている人は、満たされない心の穴を、人に話し、人から羨《うらや》まれることで埋めているからです。最近も、夫婦仲の良さをアピールしていた知人が突然に離婚して、幸せ自慢の意外な結末を見せつけられました。珍しくないことです。
そんな、人の言葉に影響されて落ち込むのは無意味です。あなたの幼少期と、目の前にいるお子さんは同一ではありません。**自分の子育てとは切り離しましょう。**そうすれば、大らかでなくとも、子どもにとって心が安らげるお母さんに必ずなれます。

お母さんはみんな心配性

お母さんとは、子どものことが心配で、気にかかるものです。中には、私って特別に心配性なのではと気にするお母さんもいますが、断言できます。あなただけではありません。

お母さんとは、子どものことを思うと、気持ちがこみ上げてくる生き物なのです。

赤ちゃんの頃から、我が子を見ては、息止まってないかな、母乳足りたかな、おむつ大丈夫かなと気遣い、くしゃみをしたら、風邪ひいてないかなと気にかける。

唐突なたとえですが、恋愛をした時に好きという感情が理性で止められないように、お母さんのこみ上げるような我が子への思いもまた止められるものではないのです。

ただ、我が子が心配というお母さんの性《さが》が、時として仇《あだ》になることも、忘れずにいたいものです。

小学校高学年のお母さん方から、「うちの子、私が勉強しなさいと言わないと、宿題すらしないんです」と愚痴ともつかぬ相談を受けます。お母さんは、我が子が自分から宿題をすることを望んでいるわけです。

ところが、私が「宿題をしろと声をかけず、放っておけばいい」とアドバイスをしても、「そうですよね」と言いながら、「でも、先生、放っておいたらうちの子、宿題しないんです。どうしたらいいですか？」と、話が堂々巡りになってしまうのです。

子どもを放っておけば、宿題を忘れて登校します。すると、担任教師である外の師匠にガツンと叱られます。クラスメイトの前で恥もかきます。場合によっては、ほのかに恋心を寄せている女の子の前で赤っ恥をかくかもしれません。そうすると、子ども自身が思います。「オレ、次からは宿題をちゃんとやろう」と。この気持ちを子ども自身が味わえば、自分から机に向かいます。お母さんが指示しなくても、自分で責任を持ち、物事を進めるようになります。

ところが、お母さんは本来、面倒見が良く、心配性ですから、子どもが失敗して、先生に叱られる前に、自分が何とかしようと先回りしてしまいます。

宿題に限らず、子どもが痛い思いをしないよう、交友関係にも口を挟みがちです。凶暴な子、トラブルメーカー的な子には近寄らせない。人畜無害な友だちと遊ぶよう、すすめる。それでも意地悪をされて帰ってこようものなら、学校の担任教師や、意地悪をした子どもの親に電話を入れ、改善を申し出ることもあります。防波堤としての役割に徹してしまうのです。

しかし、こういった**お母さんの愛情は、子どもの成長において裏目に出ます。**揉め事や、ぶつかり合いといった葛藤《かっとう》体験をとり上げると、子どもは経験不足のまま育ちます。そうすると、嫌なことから逃げる習性が付きます。小学時代は、「算数、苦手」「漢字、嫌い」。中高時代に入ると、「部活は練習が苦しいからパス」。大人になったら「仕事が合わないからもう行かない」と。

ひきこもり人口は、いまや全国で300万人とも400万人とも言われています。その8~9割は男性です。20代、30代、中には40代になっても、「おふくろ、弁当買ってきて」などと、大の大人が老いた母親に甘えたことを言っています。

お母さんたちは、なにも我が子をひきこもりにしたくて、せっせと面倒を見ているわけではありません。あくまでも、我が子のためにと思ってのことでしょう。しかし、それが結果として、子どものためにならないのなら、**お母さんは我が子が恥をかいても、多少の痛い思いをしても、黙って見守る勇気を持ちたい**ものです。

母親にできる中学受験サポート術

「あと伸び」する子はお母さん次第

都内の中学受験率の高い地域に住んでいると、小学校低学年からお母さんは中学受験を意識し始めます。ママ同士の情報や、教育雑誌などのメディアも、お母さんをあおるのでしょう。小学1年生から進学塾の説明会に出向くお母さんもいるほどです。

中学受験にのめり込みやすいタイプは、四年制大学を卒業した、真面目で、一生懸命に子育てをしている専業主婦。そう、孤独な子育てをしているお母さんたちです。そして、このタイプのお母さんが中学受験にハマると、「中学受験が私の生きがい」「これに失敗したら、親子揃って不幸せ」と、一心不乱になる危うさがあります。

一生懸命に子育てをしているお母さんは、我が子を難関校に合格させることを目標にしがちです。それは、子どもに学力をつけさせることが親の使命と考えてのこともあるでしょう。が、それだけでなく、難関校への合格が、お母さん自身の「勲章」になるとほとんど無意識に捉《とら》えてしまいがちだからです。家事や育児は、どれだけ頑張っても評価を得にくいものです。しかし、我が子が難関校に入れば、学校のネームバリューに母親もあやかれます。そういう意味でも、魅力なのでしょう。

このようなお母さんは、子育てのエネルギーを中学受験に注ぎ込みます。大手の塾に入れ、懸命に勉強させます。子どもはお母さんが大好きですから、お母さんのためにと頑張ります。お母さんがとことん入れ込めば、御三家への合格も夢ではありません。

ところが、喜びも束の間。お母さんにとって意外な結末が待っているのです。

お母さん主導で合格した子どもの多くは、中学、高校で伸び悩んでしまいます。公立高校や私立の二番手校でのびのびと育ってきた子どもたちに、大学受験であっけなく抜かされてしまう。見ていると、その後も冴えない人生を送りがちです。

なぜ、こういった逆転現象が起きるのでしょう。

お母さんに勉強をやらされてきた子は、主体性を身に付けていません。勉強は自らするものではなく、親に言われてさせられるもの。当然、学ぶ楽しさを知らないまま、中学、高校に進みます。中高では勉強もレベルアップします。自ら学ぶ醍醐味を知らない子は、つまずくとあきらめてしまいがちです。あと伸びしないのも仕方ありません。

言うまでもありませんが、我が子の人生は、22歳からが本番です。中学に合格した12歳が人生のピークだった、とならないためにも、お母さんは踏み込みがちなアクセルを緩めてほしいものです。

「子どもが塾に行っている間、嵐のライブビデオを堪能しちゃった」。このように、自分も楽しみながら、我が子の受験に伴走できるお母さんだと、子どもの負担は軽くなります。お母さんが過剰に介入しない分、子どもは「自分の受験」という自覚もできます。学ぶ楽しさや、つらさも含めて受験を乗り越える力がつけば、中学、高校でも必ず伸び続ける子に育ちます。

NGワードが口癖になったら

分かっているのに、つい言ってしまうのが、「勉強しなさい！」「宿題やったの？」「テレビばっかり見て」といった小言。もはや、口癖になっているお母さんも多いのではないでしょうか。

むろん、受験生ですから、約束を守らず、いつまでもテレビを観ていたら、叱って当然です。しかし、気を付けたいのは、**本当は叱る場面ではないのに、親の不安やストレスを解消するために口癖で叱ってしまう**場合です。

初めての中学受験では、お母さんの不安が倍増します。「1人目はお試しだわ」くらいに楽観的に思えると、気持ちも楽になりますが、なかなかそうもいきません。

多くの場合、お父さんは忙しいので、小さな問題——子どもが塾でクラス落ちした、宿題を溜める、同学力だった友だちに差をつけられた——騒ぐほどではないけれど、不安の火種になっている問題を、お母さんは心の中でやり過ごさなくてはなりません。

このように、ただでさえ不安度が高いところに、模試でパッとしない成績をとってこようものなら、ストレスは急上昇。つい、子どもをはけ口にしてしまうのでしょう。もとより、子どもをはけ口にしても始まらないと、お母さんは分かっています。「勉強しなさい」「宿題したの？」といった、言われてもやる気にならないNGワードを連発しては、我が子が勉強嫌いになってしまうことも、薄々気づいています。

それでも口癖のように出てしまうNGワード。これを封印する手だてはないのでしょうか？　残念ながら、初めての中学受験で、良い言葉だけを選び、NGワードを外せる親はごく少数です。しかし、減らす工夫はできそうです。

NGワードのほとんどは、「なんでこんな簡単な問題をミスするの？」「どうして解けないの？」といった、否定的な方向の指摘から入りがちです。子どもが自分でも気にしていたところに、親が追い打ちをかけるイメージです。だから、子どもにとって邪魔になる指摘なのです。では、どうすれば邪魔になる指摘を外していけるのか。

実際に発したNGワードを箇条書きで書き出してみるといいでしょう。たとえば、こんな感じです。

・「どうして問題が解けないの？」など、**できない**指摘から入ってしまう。
・「偏差値が安定しないね」と、**ネガティブ**な指摘から入ってしまう。
・「あれやった？」と、**責める**ように確認をしがち。
・「○○ちゃんはもう総復習が終わったそうよ」など、友だちと**比較**してしまう。
文字にすると一目瞭然で、いかに不愉快な言葉を子どもに言っているかに気付きます。少しずつでも、減らしていこうと思えるものです。

また、こういったNGワードを口癖にしないために、お母さんが心の網目を作っておくことも一案です。網目とは、心の空気穴のことです。

不安とストレスが膨らみ、**言わなくてもいいことを連発してしまう時は、お母さん自身に余裕がない時**です。自分がねぎらってもらっていない、大事にされていないと感じている時に、マイナスの言葉を凶器のように子どもに向けてしまいがちです。受験期の子どもは、注意するところが満載ですから、とても言いやすいのでしょう。しかし、それでは親子関係まで険悪になってしまいます。

こんな時は、濁《にご》った空気を換気できればいいのです。気心の知れたママ友や、先輩ママ、塾の先生、夫や祖父母もいいでしょう。立体的に多くの支える手を作っておくと、効果的にガス抜きができます。

また、ＮＧワードを投げ付けやすいのは、どんな時かを分析してみるのも一つの手です。苦手な姑と電話をした後に、「勉強しなさい！」と子どもに強く言ってしまう。身体が疲れた時に、「宿題、さっさとしなさい」とヒステリックに怒鳴ってしまう。このような場合、苛立ちの原因は、子どもの受験ではなく、「姑」や「疲労」です。受験期間は姑との電話の回数を最低限に減らす。あるいは、睡眠時間をたっぷりとって疲労を回復するなど、根本の原因を取り除けばＮＧワードも減ります。

小6の冬、もれなく母には憑《つ》き物がつく

脅すつもりはありませんが、６年生の秋が駆け抜けるように過ぎ去り、12月、１月を迎えた頃、お母さんは憑き物につかれます。不安でたまらなくなったり、小さなことにも苛ついたり。少々精神的に病んでいるのでは、と言える状態になります。４年生、５年生の時は、余裕の笑顔で塾の保護者会に来ていたお母さんたちも、６年生のこの時期

になると、大なり小なり、もれなくとりつかれます。

平和な生活を送っていても、お母さんは子どものことを思うと自然に心配がこみ上げてきます。

「朝、食欲なかったけど、給食ちゃんと食べたかしら」「水泳の時間、寒い思いしてないかな」と。フラットな状態でもそうなのに、中学受験というただならぬ状況を迎えたとなれば、お母さんの不安指数はあっけなく限界を超えます。

何を見ても、何を読んでも不安でたまらなくなります。「地理のあの単元がまだ完成していない」だの、「過去問で解けないところを復習していない」だのと、あれこれ心配の種を探しまくってしまいます。

自分が受験するのなら、こんなに動揺はしないのでしょう。自分が傷付き、立ち直ればいいのですから。しかし、ことは愛する我が子の受験。こんなに頑張っているのだから、絶対に受からせてあげたい。落ちた悲しみなど味わわせてなるものかと、強烈な思いに支配されます。そのため、冷静でいられるはずもなく、憑き物がついた状態になってしまうのです。

この時期になると、私のところにもお母さんからSOSが入ります。すべて不安の訴えです。最近は、仕事用の携帯電話は時間外ではオフにしますが、以前、オンにしたままだった時など、深夜だろうが、大みそかや正月だろうが、お構いなしで電話をしてくるお母さんもいました。「先生、やっぱりいろいろ心配になっちゃって」と、やはり不安の訴えです。しばらく話すと、「分かりました」と納得して電話を切りますが、翌日になるとまた、同じように不安を訴えてくる。堂々巡りです。眠れない、食べられないといった体の不調を訴えるお母さんもいます。

塾の講師はそういったお母さんの対応には、慣れていますし、鍛えられています。6年生の終盤は、お母さんも壊れやすいということは、織り込み済みです。ですから、ほとんどの先生は親身に相談に乗ります。お母さんも話せばスッキリするので、塾の講師を頼ればいいと思います。

ただし、常識のラインを大きく外した時間泥棒はやめてほしいのです。お母さんが不安になる時期は、子どもたちにとって、ラストスパートをかける正念場です。講師も多忙を極めます。ただでさえ、時間のない追い込みの時期に、本来、子どもたちのために使う時間を、お母さんにとられてしまうと、本末転倒になってしまいます。

振り払っても不安が付きまとう。このような時は、信頼できる受験の先輩ママから経験談を聞くのも効果的です。「うちも大変だったよ」「ホント、親もつらいよね。でも、もう少しの辛抱だよ」などと、経験者から言われると、スッと心に届くものです。

また、憑き物がついた自分を受け入れるというのも、一つの手です。

お母さんに憑き物がつくのは、期間限定です。「一時的なもの」と割り切り、憑き物と共存するくらいの気持ちでいるといいでしょう。

どのお母さんも、受験が終われば憑き物は嘘のように落ちます。「先生、私あの時、変でした〜」と、みなさん笑い話にしていますから、深刻に受け止めなくても大丈夫です。

子どものためにと、無理やり不安をひた隠し、安定したお母さんを演じる必要もありません。たとえ女優になって演技をしても、「無理しちゃって、お母さん」と、特に娘は鋭いですから見抜かれるのがオチです。

「お母さんも、ちょっと緊張気味よ」と、家族にサラリと弱音を吐きながら、「今は、こんな自分で行くしかない」と、開き直ってこの時期をしのげれば十分です。

母親同士も病んだ関係に

孤独なお母さんを救うカードの1つとして、「ママ友」を挙げました。しかし、ことう中学受験期は、ママ友との関係が微妙に変化していくので注意が必要です。それは同じように中学受験を控えているママ同士の場合です。特に、子どもが、同性、同レベルだとライバル視され、以前の信頼関係が崩れてしまうことも少なからずあります。

たとえば、転塾を考えていたあるお母さんの話。信頼していたママ友に、興味を持った塾の評判を聞いたところ、「あそこは止めておいたほうがいい」とのこと。彼女がそう言うならと、別の塾に入ったところ、なんと、そのママ友が、悪い評判だと言っていた塾に、我が子を入塾させたとか。いい塾は独り占め、ということです。

また、別のお母さんは、市販のドリルの評判を知りたくて、親しいママ友に聞いたそうです。すると、「ぜんぜん伸びないって。買わない方がいいわよ」とのこと。むろん、そのお母さんは買わなかったのですが、お察しの通り、不買をすすめたママは、そのドリルを入手。我が子にせっせとやらせていたといいます。これまた、いいドリルは独り占め、ということでしょう。ほかにも、信用できるママ友だからと、そっとチャレンジ校である志望校を打ち明けたところ、別のお母さんたちに知れ渡り、「すごいところ受けるのね」と騒がれて強烈なプレッシャーを感じたなど、この手の話は、数え切れないほどあります。

信用できるママ友が一転。中学受験によって、人が変わったように我が子の合格以外考えられなくなってしまうケースは少なくないのです。

もう10年以上も前の話です。すでに時効ですからお話ししますが、私自身も受験生ママから洗礼を受けたことがあります。お母さんの底意地の悪さを、目の当たりにしたのです。

そのお母さんは、大手進学塾に娘を在籍させていました。ところが、算数が振るわないので、高学年になってから私の塾でスーパー算数の授業も受けていました。つまり、大手と私のところと塾を掛け持ちさせたわけです。

大手塾では筋のいい教え方をしてもらっていなかったのでしょう。最初はガタガタの成績でした。それを、こんがらがった糸をほどくように、基礎をしっかり固め、実力を伸ばしていきました。そして、見事に女子御三家である桜蔭学園に合格したのです。

ところが、数日後、お礼のあいさつに訪れたお母さんは、威圧感を込めてこう言ったのです。「こちらでお世話になっていたことは、誰にも言わないでください」。

塾としては合格者の名前と学校名を貼り出すのは常識です。が、名前を載せないからと譲歩しても、「絶対に、ダメです」の一点張りでした。

なぜかというと、「特別な努力もせず桜蔭に合格した」と、お母さんが周囲のママたちに自慢したかったからです。大手塾のほかに、うちの塾にも掛け持ちで通っていたとなれば、「それだけ頑張れば受かるわよね」と言われかねない。それを懸念したわけです。

お母さんが娘に、「桜蔭に合格したあなたには、すごい価値が出た」と吹き込んだのでしょう。しまいには、娘が「先生、私の合格を貼り出せたらいくらくれる？」とまで言い出しました。あきれ果て「もう結構です」と、速やかにお帰りいただいたのは、言うまでもありません。

実にくだらない話です。しかし、この母親にも象徴されるよう、この時期のお母さんは、中学受験という狭い世界で生き、その中での駆け引きに夢中になりがちです。塾を掛け持ちして合格したら価値が下がるとか、はたから見たら、バカバカしくなるいびつな価値観に縛られてしまうこともあるのです。

ですから、以前は信用できたママ友が、この時期は安全な相手になりえない場合もあります。ママ友との付き合いは慎重に。また、ママ友情報は鵜呑《うの》みにせず、きちんと整理して、何を選ぶか、自分の中に軸を持っておいた方が賢明でしょう。

とはいえ、受験期は心のよりどころが欲しいものです。そんな時は、夫や実母、塾の先生のほか、**行政の無料電話相談なども安全な相手になります。**匿名でも相談可能ですし、相手はカウンセラーなどのプロなので、話すことで気持ちが楽になります。何かの時は、利用してみるといいでしょう。

母親にしかできないこと

言葉より、説得力がある「母の背中」

「うちの子、何度言っても漢字の勉強しないんです」。このような相談をお母さんから受けた時、私は「お母さんが漢字検定を受けてみてはどうですか」とすすめています。

なぜなら、**子どもは「言葉」の情報より、「目から入った」情報を真似る**性質があるからです。つまり、「勉強しろ」とお母さんが言うより、勉強する姿を見せる方が、ずっと効果的なのです。

私自身も学ぶことの大切さを、母の背中から教わりました。熊本県の田舎町で育った母は、当時の多くの女性がそうであったように、高校に進学する道を選びませんでした。中学を卒業すると准《じゅん》看護師の資格を取り、看護師になったのです。そして、医師である父と出会い結婚。私を含め3人の子どもをもうけ、家庭に入りました。

しかし、医師である父の仕事仲間の妻は、お嬢様育ちで学歴のある女性が多かったのかもしれません。中学しか出ていない母は、やはり学歴に引け目を感じたのだと思います。高校くらいは出ておきたいと、通信教育の高校に入学しました。

通信教育は基本的には自宅で勉強できるシステムですが、月に1度くらいのペースで、スクーリングという学校での授業が必須科目にありました。その都度、母はまだ小さかった私たち3人の子どもを連れ、電車で片道1時間半もの道のりを登校していました。

母が学校で勉強している間、私たちは校庭で遊んでいました。授業が終わるとおまんじゅうを買ってもらうのが楽しみだったものです。

母は往復の電車の中でも、ずっと勉強をしていました。電車に揺られながら一生懸命に教科書を読む母の横顔は、今でも記憶に残っているほどです。子育てをしながら、母は高校を卒業しました。そんな母は、私たち子どもに「勉強しなさい」とは言いませんでしたが、私たちは、勉強は大事なことだと、母に言われるまでもなく分かっていました。誠実に学ぶ母の姿を見てきたからです。

ですから、子どもに勉強をさせたいと思ったら、まずお母さん自身が勉強することが近道です。子どもに読書をさせたいと思ったら、お母さんが本を読む姿を見せればいいのです。

我が子が漢字嫌いだったら、まずお母さんが漢字の勉強を始めてみる。先に書いたように、漢検に申し込むのもいいでしょう。お母さんが漢検合格を目指して必死で勉強する姿を見れば、我が子も「僕（私）もやる」と乗ってきます。ダイニングテーブルのお母さんの隣で、我が子が漢検のテキストを広げること、請け合いです。

昔から言うように、子どもはまぎれもなく親の背中（行動）を見て育つものです。

働くお母さんの強みと弱点

フルタイムで働いていると、我が子の勉強をチェックしたり、弁当を作ってあげる時間もあまり取れません。母親が働いていると、中学受験は不利なのでは？　と心配されるお母さんもいます。しかし、私は**働くお母さんの方が、むしろ健全度の高い受験ができる**と思います。

働くお母さんは、多くの人と接しています。有名大学出身でも役に立たない上司や同僚がいることも、実感しています。ですから、中学受験をする際も、御三家などのブランド志向に走り、加熱するケースは稀です。「人間、世の中に出てからが勝負です」と言う時に、リアリティがあるのです。

何より、自分自身が働いているので、エネルギーが子育てに偏《かたよ》らない。仕事に子育てにとエネルギーが分散するので、心の風通しもいい。評価は仕事でされるから、子どもを通して自分の評価を得ようとも考えにくい。そのため、たとえ子どもの成績が悪くても、ヒステリックに荒れたりしません。

子どもに注げる時間とエネルギーが限られているからこそ、過剰にのめり込まない。健全な中学受験がしやすいのです。とはいえ、のめり込まない分、働くママの子どものほうが、成績が振るわないかというと、そんなことはありません。

働くママは、家庭に仕事にと忙しい分、タイムマネージメントが得意です。仕事から帰宅後、夕飯の準備をしながら、風呂を沸かし、洗濯物を畳み、合間に、子どもの学校の宿題を見てあげる。同時進行で家事と育児をこなすのが日常です。ですから、隙間時間を捻出《ねんしゅつ》して、たとえば、朝6時からピンポイントで親子の勉強時間を作るといった工夫もお手の物です。

また、共働き夫婦の多くは、赤ちゃん時代から、子育ては協力・分担が基本です。その延長で、中学受験も、「月水金の『朝勉』は、お父さんが担当」といった具合に、夫婦で分担しながら進めていきやすいもの。お父さんが当たり前にかかわることで、お母さんだけが受験熱を上げるということも起こりにくく、そういう意味でも、働くママの受験の健全度は保ちやすくなります。

ただ、バリバリと働くお母さんは、社会で鍛えられている分、**時として子どもへの接し方が厳しくなる傾向があります。**

たとえば、自分が軽々と解ける問題に、子どもがつまずくと、じっくり待っていられない。「なんで、こんな簡単な問題が解けないの？」と責めてしまいがちです。組織という厳しい競争社会で生きていますから、子どもにもつい「しっかりしなさい！」と喝《かっ》を入れたくなってしまうのでしょう。勉強面だけでなく、生活面でも、時間の管理など、まだこの年代ではできないであろうことまで求めてしまいがちです。心当たりのある方は、注意したいものです。

いずれにしても、働くお母さんの中学受験は、時間がないなどのデメリットを割り引いても、メリットが勝ります。

たとえ落ちてもお母さんはケロリと

以前、『情熱大陸』（TBS系）というドキュメンタリー番組に、私が取り上げられた時のこと。事前に、授業風景を撮影することになり、あるクラスの生徒に頼むと、高校受験直前だったにもかかわらず、みな二つ返事で承諾してくれました。

そのクラスには、講演などで事例としてよく紹介する生徒が2人いました。1人は埼玉県のトップ校、県立浦和高校に合格したラガーマン。もう1人は、開成高校に合格したピアノの達人。2人とも、人間力に溢《あふ》れたいい男です。

彼らは超難関校に入るくらいですから、学力もトップクラスです。ところが、ともに中学受験ではいい思いをしていません。

ラガーマンの彼は、小学6年生の夏に、いくつかの事情が重なり中学受験を見送ることを決めました。その1つが彼にまだ幼さが抜けず、3年後の高校受験でピークが来ると判断したこと。この時、私の判断に、お父さんはもちろん、お母さんも気持ちよく納得してくれました。ともすればお母さんは、これまでの努力が無になると思いがちです。しかし、中学受験に未練を残すことなく、「３年後の高校受験で頑張ろうね」と晴れやかに切り替えていました。

一方、ピアノの彼は、小学校時代からコンクールで入賞するほど、抜群にピアノが上手でした。彼がお母さんと私のところを訪れたのは、小学６年生の夏。コンクールが一段落したタイミングだったのでしょう。これから中学受験の勉強を始めたいとのことでした。正直言って、時間的に考えれば、無謀な挑戦です。それでも、彼は最後の最後まであきらめることなく猛勉強を続けました。結果は残念ながら、不合格でした。しかし、お母さんは落胆することなく、ただただ息子の健闘を褒めていました。

そう、ままならない結果になっても、彼らのお母さんは、気持ちを前向きに切り替え、ケロリとしていたのです。「たかが中学受験で、我が子の人生は決まらない」とばかりに。この大らかな眼差しが傍《かたわ》らにあったからこそ、彼らはあと伸びしたのでしょう。ともに、中学時代に学力をつけ、揃って第1志望の最難関高校に合格。勉強はもちろん、運動に音楽にと才能を発揮し、充実した人生を歩んでいます。

中学受験にはままならないことが付きものです。希望がかなわないと、お母さんはこの世の終わりとばかりに、打ちのめされてしまいがちです。しかし、**お母さんが落ち込むことほど、罪深いことはありません。**なぜなら、お母さんが落ち込むと、我が子は、大好きなお母さんを悲しませてしまったと、傷付くことになるからです。つまり、不合格で傷付いた我が子を、さらに傷付けてしまうのです。

中学入試の発表の時期、合格不合格の報告に、お母さんと子どもが塾に来ます。中には、第2志望校に合格しているのに、第1志望校が不合格だったため、お母さんがまったく立ち直れていないケースもあります。

この時、「いつまでも落ち込んでんじゃねえよ」などと、息子が言っていると、安心します。息子がそれを言えるということは、息子自身は立ち直っているからです。しかし、お母さんが傷付いていることに我が子まで傷付き、横でうなだれていると、心配になります。こういう子は、大学生になっても、「オレ、中学受験に失敗したんだ」などと飲み会で無意味に告白したりと、受験の傷を長く引きずる傾向があるからです。

つまり、我が子のためと思うなら、お母さんは落ち込みを見せない。それに尽きるのです。そのためにも、**どんな結果でも、まるごと受け止める覚悟**を、お母さんにはしておいてほしいのです。中学受験で我が子の人生は何も決まらない。この先、いくらでも挽回《ばんかい》のチャンスはある。実際に挽回した先輩はごまんといる。我が子に向ける励ましの言葉は、お母さんが心からそう思えてこそ、まっすぐ子どもの心に届きます。

お母さんの本当の役割とは

スクールＦＣでは、中学受験生のお母さんに、お弁当作りと健康管理をお願いしています。それだけ？　と思われそうですが、これらの役割は、お母さんにしかできない分野。最低でもこれだけはお願いしたいという意味です。もちろん、働くお母さんでお弁当が作れない方は、コンビニなどのお弁当でも十分です。

お母さんに子どもの健康管理をお任せするのは、我が子の健康に関する感受性が強いからです。我が子の顔色一つで、「熱があるかも」「学校で嫌なことがあったな」と見分けてしまうほど、お母さんのアンテナは発達しています。しかも、子どもはお母さんが**心配してくれることを、「うるさいな」と文句を言いながらも、嬉しく感じています。**受験までの健康管理は、お母さんにしかできないのです。

もとより、お母さんは基本的に世話好きですから、健康管理にとどまらず、ほかのことも手伝いたくなるものでしょう。

勉強の分野では、これまで書いてきたように、子どもが主体性を持って学ぶ姿勢が大切です。親が過剰に手をかけ、口を出していては、主体性は身に付きません。ですから、勉強面に関してお母さんができることは必要最小限のことでいいと思います。

やってもらえると助かることは、**テストや模試などで間違えたところをコピーして、ノートに糊《のり》付けして整理すること。**中学受験とは、できないことをゼロに近付けていく勉強の仕方ですから、その部分をピックアップしてもらえると、時間の節約にもなり、効率的です。ただし、その際、できていない部分をお母さんが教えることは控えてください。なぜなら、的外れの学習では力が付かないからです。

たとえば、算数の立体問題が解けなかったのは、気合が足りなかったとか、よく問題を読まなかったからではなくて、「立体を平面にする発想を忘れていたから」だとします。ならば、「立体は平面化することを次は覚えておこうね」という教え方ができるといいわけです。

しかし、ほとんどのお母さんは専門家ではないので、理にかなった教え方をするのは難しいものです。間違いをピックアップしたら、子どもに「もう1回解いておきなさい」と伝える。分からなければ塾の先生に教わり、その後、解ければ子ども自身がノートにチェックする。こういった流れを作っておけばいいでしょう。

とはいえ、お母さんが上手にサポートしても、それが偏差値や点数に結び付かない場合もあります。そんな時、お母さんは焦って、必要以上に勉強に介入したくなります。けれど、それでは誰の受験か分からなくなります。塾の指導に従い、正しい学習法で勉強をしていれば、子どもは着実に力を付けていきます。4年生や5年生の前半では、落ち着きがなく、テストの点数が伸び悩んでいても、5年生の2学期頃から変化していきます。

伸びる子は、この時期から6年生にかけてぐんぐん伸びます。**伸びる子と伸びない子の違いは、同じ勉強をした時の定着の仕方で分かります。**上辺だけでやっている子か、それとも完全に理解して自分の中に取り込もうとしてやっている子か。それは、主体的に勉強にのぞめているか否かがポイントです。つまり、お母さんが過剰に介入しないことで、子どもは自分で学び取る力を付けられるのです。

ある男の子のケースを紹介しましょう。彼は花まる学習会で育ち、その後、スクールFCで中学受験に取り組んでいました。算数がずば抜けてできる子でしたが、国語が苦手で、苦戦していました。高学年になっても幼児性が抜けず、物語に感情移入ができなかったのです。

「両親とも亡くした悲しみ」くらいは「気の毒に」と察することができますが、思春期の女の子の「笑顔の奥にある嫉妬」が描かれたような長文は、「うぜー」と、まったく受け付けません。自分の感覚で分からないと、切って捨ててしまうのです。

ところが6年生の時に、彼は大きく変わりました。きっかけは、彼の第1志望校に合格した先輩と話す機会を持ったことです。いろいろ話す中で、彼は先輩のある言葉に衝撃を受けました。それは、「うちの学校はジェントルマンの学校だ」と言われたことでした。彼はやんちゃな子です。とてもジェントルマンには程遠い子です。それは本人も分かっていたのでしょう。先輩の前で痛く落ち込んだそうです。すると先輩は、こう言って励ましました。「バカ、おまえ、最初からジェントルマンなんていないんだよ。なろうとする気持ちが大事なんだよ」と。彼にとって、ここが大きな転機になりました。化学反応が起きたのです。自分から変わろうと動き始めました。

憧れの学校に入学して、ジェントルマンになるために、今自分は何をしたらいいのか。彼はその課題と真摯《しんし》に向き合い、真剣に考えていったのでしょう。

それ以降、たくさんの本を読み、数々の国語の長文問題を解いていきました。人の心の機微が少しでも分かるように、登場人物と向き合い続けたのです。

こうして努力を重ねた結果、苦手な国語の成績はじわじわと上がっていきました。そして迎えた入試の日。お母さんから語られたエピソードが、彼の成長を物語っていました。お母さんは受験の帰り道で、２度驚いたそうです。

最初は、入試を終えて学校から出てきた我が子が、「お母さん、今日の国語、いい文章だったよ」と言ったことに。国語の長文読解の問題が良問かどうかを判断するなんて、登場人物に感情移入すらできなかった以前の彼からは想像もできないことでした。

そして、２つ目の驚きは、帰りの電車の中で、彼が突然文庫本を広げて読み始めたこと。その姿は、まるで小さなジェントルマンのようだったのでしょう。大人っぽい発言と、静かに文庫本を読む横顔。それらの言動に、お母さんは「まるで夢のようだ」と思ったそうです。そして、これらの成長を目の当たりにして、合格不合格は関係なく、我が子に中学受験をさせてよかったと実感したそうです。

もちろん彼は第1志望校に合格しました。しかし、それ以上に自身の成長という、何よりの収穫を手に入れられたのです。

このケースにも象徴されるように、**自分から学びたいと動き出した子は、誰に言われなくとも勉強に打ち込みます。**6年生からでも劇的に伸びていきます。そういう子は、6年生の後半になると、まるで本番を直前に控えたオリンピックの代表選手のように、最高の状態に仕上がっていきます。その姿は、たとえるなら透明な造形物のようで、研ぎ澄まされたトップアスリートと重なります。

分岐点は、我が子が主体的に勉強できるか否かです。そのためにも、お母さんの本当の役割とは、でしゃばりすぎず、後方支援に徹することなのです。

第4章 中学受験生の父親の心得

父親次第で家庭が変わる

頑張りが伝わりにくいお父さん

お父さんは家族のために一生懸命に働いています。遅くまで残業もするし、休日出勤も厭《いと》いません。父親として家族への責任を一身に背負ってのことです。

ところが、お父さんの奮闘は、なかなか家族には伝わりにくいものです。

毎日、くたくたになるまで働き、ようやく迎えた休日。日頃の疲れを癒《いや》そうと、ソファでくつろいでいると、妻からの視線が刺さります。「掃除機をかけるのに、邪魔」「いつもゴロゴロして、たまには子どもと遊んでよ」といった、ねぎらいとは反対の冷たい視線です。休日くらいゆっくりしたいのに、妻の理解が得られない。家庭に居場所がないと感じることもしばしばです。

なぜ、妻には夫の気持ちが分かってもらえないのでしょう。

妻が夫の気持ちを察してくれないのは、日頃、夫が妻の気持ちを汲み取っていない、あるいは、汲み取ろうともしていないからではないでしょうか。

父親だからできること

私は父親向けの講演や父親学級などで、お父さんを前に、妻の話を聞くことの大切さを伝えています。もとより、「妻の話を聞きましょう」と言っても、お父さんのほとんどは簡単にうなずきません。「仕事から疲れて帰ってきて、妻の長話に付き合う気力は残っていない」「妻の話はオチがないから、くだらないと感じてしまう」と。

お父さんの言い分はもっともです。

「今日、同じマンションの山田さんの奥さんが、可燃ごみの日なのに、資源ごみも出していたの。私、注意しようと思ったけど、言えなくて。このあいだもそうだったのよ……」といった調子で、妻の話は延々と続き、その内容は愚痴と悪口が大半を占めます。挙げ句の果てには「ねえ。あなたもそう思わない？」と止めを刺してきます。

そもそも男と女は、ものの考え方、見方が違います。妻の話のほとんどは、男性にとって興味の持てないものです。

話の展開も、感情面が優先する女性に比べ、男性は理論で話を進めます。ですから、結婚前の恋愛時代なら、愛のエネルギーで聞けた話も、結婚から10年も経てば、無理して聞こうというエネルギーも残っていません。

しかし、夫は理屈でものを考えるからこそ、なぜ妻の話を聞く必要があるかという点を、理論立てて話すと、納得してくれます。たとえ、妻から「行ってこい」と言われ、いやいや私の父親向け講演に来たようなお父さんでも、その大半がうなずいてくれます。

なぜ、妻の話を夫が聞く必要があるのか？　一言で言えば、最愛の我が子のためなのです。

第3章でも書いたように、お母さんたちは、かまってもらえない、気づいてもらえない、いたわってもらえない環境の中で、孤独な子育てをしています。それこそ、母子カプセルの中でもがくように子育てをしているのです。

風穴を開けるためには、「ママ友」「仕事」「嵐」「実の母」など、いくつかのカードがあると提案しました。しかし、カードを手にするまでは、やはり夫が妻の「風穴」になってほしいし、有効なカードを手にした後も、「夫」というカードも併せ持っていれば、妻の安定感はさらに確かなものになります。そのためにも、夫にはストレスを発散できる相手であってほしいのです。

夫が妻のストレスを吸収することで、どんな良いことが起きるかというと、お母さんが大らかになり、健全な環境で子育てができるのです。

つまり、夫が妻の話を聞くという出発点が、子どもがすくすく育つ、というゴールにつながっているのです。

お父さんの役割は、我が子にとっての母親像を良いものにする、それに尽きます。そのためにも、お父さんにはぜひとも、お母さんの支え手であってほしいのです。

妻が見直す言葉かけの作法

では、具体的にどのように妻の話を聞けばいいのか。男性は形から入ったほうが理解しやすいと思いますので、具体的に紹介しましょう。

まず、食事のシーンを基本にした、会話の練習です。

シーン1 〈食事前の作法〉

休日などに妻が台所で夕飯を作っている時、夫はソファで寝転び、テレビを観ながら食事ができるのを待ってしまいがちです。が、これはNGです。**「いい匂いだな」「おいしそうだな」と、起き上がってキッチンにいる妻に言葉をかけてください。**余裕があれば、「手伝おうか?」と言ってみるのも手です。夫がキッチンに入ってきても、段取りが狂い邪魔になるだけですから、たぶん妻は断ります。しかし、気にかけてもらっただけでも、妻は悪い気がしないものです。

シーン2 〈食事中の作法〉

食事が始まったら、「おいしい」もしくは、これに類する言葉を必ず言いましょう。「な、サトシ」など、**子どもを巻き込むと、照れなく言えます。**

「この混ぜご飯、料亭みたいな味だな」と、具体的な料理を褒めるのも悪くないのですが、即席だしを使っている場合、「それ、インスタントだけど」などと妻に切り返される恐れがありますし、あまり大げさに褒めても、よっぽど会話力に長《た》けた敏腕営業マンでもない限り、わざとらしさが鼻についてしまうもの。さりげない程度の褒め言葉に留めておきましょう。

言うまでもなく、**黙々と食べ進めるのはNG**です。子どもが黙ってもぐもぐ食べるのは、かわいいと妻は認識できますが、夫のもぐもぐは「黙ってもぐもぐ食いやがって」と、妻は心底腹が立つようです。さらりとした褒め言葉をお忘れなく。

シーン3　〈食後の作法〉

食後の後片付けは、夫の役割と考えたほうが良さそうです。「ごちそう様」と言って、食器は必ずシンクまで運ぶ。この時、自分だけ食べ終えたからと、さっさと自分の分だけ流しに運び、任務完了とばかりにソファでくつろいではいけません。全員が食べ終えたタイミングで、皿を片付け、全員分を洗う。少なくとも私はそうしています。もし今まで、シンクに運ぶことすらしていなかったお父さんは、一気に洗いまでやるのはハードルが高いかもしれません。その場合、**シンクに運び、食器を水に浸すだけでも、妻は夫を見直す**でしょう。大事なことは、継続して行うことです。

実際、父親向けの講演で私のアドバイスを聞いて「夫が実践しました」と妻のほうから報告が入ることもしばしばあります。

「いつもはソファに寝っ転がって、この野郎って思っていたダンナが、講演を聞いてからは、わざわざ『今日はおいしそうだなあ』って言いに来て。先生に教わった通りにやっているんです。なんだか、わざとらしいと思ったけど、悪い気はしませんでした」と。「妻を支えるのは俺しかいない」と夫が気付いてくれた。それだけでも、妻の気持ちは晴れるのです。

妻の機嫌が良くなる傾聴《けいちょう》の作法

言葉かけと同様に、覚えておきたいのが、**傾聴の作法**です。

女性同士の会話を聞いていて、不思議に思うことはありませんか。話題が途切れない。しかも、特定のテーマを論じているのではなく、スーパーの安売り、子どもの保護者会、電動自転車が故障したことなど、話はあっちこっちに飛んでいるのに、まったく違和感なく会話が継続しています。

なぜかと言うと、女性は相手の話に上手に相槌《あいづち》を打つからです。「〇〇ちゃんの担任の先生、忘れ物に厳しいんだって」「へー、そうなんだ」「ハンカチ1枚忘れても、廊下に立たせるんだって」「あらまあ」。このように、餅つきでたとえれば、つき手と返し手のタイミングが絶妙なのです。しかも、女性は相手の言葉に反応して、上手にうなずきます。「うんうん、それで」といった調子です。この、「相槌」と「うなずき」で、「あなたの話を真剣に聞いています」というリアクションが無意識にできます。だから、話が弾む。これは、男性には真似のできないテクニックです。**男性は人の話に大げさに反応する資質がもともとないからです。**

それに、会話に求めることも、男と女では違います。男性は会話に意味を持たせたいと考えます。論点を見出し、結論を求めます。問題点があるならば、解決策を模索します。しかし、女性の場合はゴールのない会話です。結論など必要ありません。聞いてもらい、同意してほしいだけです。話してスッキリすることが会話の目的と言えます。ですから、**夫は妻の目的が達成できるよう、「聞いています」という態度を示すこと**が肝心です。

そのために、妻の話を聞く姿勢を、スキルとして体得することをおすすめします。基本は、カウンセリングとほぼ同じ、傾聴です。その流れは、妻の言葉を繰り返す、その後、言い換える、そして共感します。ちょっと練習してみましょう。


妻が話し始めたのが、「今日、同じマンションの山田さんの奥さんが、可燃ごみの日なのに、資源ごみも出していたの。私、注意しようと思ったけど、言えなくて。このあいだもそうだったのよ……」だったとします。かいつまむと、山田さんがゴミ出しのルールを守らない。ゆえに、妻は嫌だと思っているわけです。この話を聞いた時点で、夫の頭の中には、すでに結論が出ています。「直接山田さんに言って角が立つなら、管理人さんから言ってもらえばいい」と。

しかし、書いてきたように、結論を出すことが妻の目的ではありません。本来の目的は聞いてほしいことにあります。

ですから、次のようにしてみてはどうでしょう。

「お隣の山田さん、可燃ごみの日なのに、また資源ごみを出していたのよ」と妻が言う。

ここで夫は、読んでいた夕刊から目を上げる、あるいは観ていたテレビのボリュームを下げ、「聞くよ」という体勢で、妻の言葉を繰り返してください。「山田さんが、また可燃ごみの日に資源ごみを出したんだ」。

その後、「そうなの、いつもなの」と妻が言えば、「いつもなのか」と夫。「やんなっちゃう」と妻が言えば、「やんなっちゃうな」と、数回、妻の言葉を繰り返してください。夫が繰り返すことで、妻は聞いてもらっている満足感を持って話を進められます。

「それで、私、注意しようと思ったけど言えなくて」

このあたりで、また繰り返すと、オウム返しをしている印象が強まるので、このあたりで**妻の言葉を言い換えてみます。**たとえば、「言いたくても、ご近所だから言いにくかったんだね」というように。こうすると、より親身に聞いていることが伝わります。

また、**妻の話を聞く時は、女同士の作法の要領で、うなずきと相槌を織り交ぜてください。**妻が語気を強めたら、「なるほど」と真剣に相槌を打つ。あるいは、小刻みに「うん、うん」と、うなずく。いくつかのバリエーションがあると、より親身さが伝わり、さらに、「聞いている」という強いメッセージが送れます。たとえ、うわの空で聞いていても、適度な相槌さえ打っていれば、妻の話は展開していくほどです。

ぶっつけ本番だと上手くうなずけないことがありますので、妻が留守の時などを見計らって、洗面台の鏡などで練習してみるといいかもしれません。

さらに、妻の話が佳境に入ったら、共感しましょう。

「山田さん、本当に困っちゃう」と妻が言えば、「そうだよな、それは困るよな」と夫は妻の気持ちに寄り添ってください。「もう、ご近所のことで悩みたくないわ」と妻が言えば、たとえ、「おまえ、本当に暇だな、そんなことばっか考えて」と思っても、「ご近所付き合いも大変だよな」と妻に同意してください。「分かってもらえた」、それだけで、妻はスッキリ。明日もまた元気に子育てに励めます。

繰り返しになりますが、必要なのは結論を出すことではありません。妻を健全な子育てができるようサポートすることです。そのためにも、**傾聴のテクニックは夫の武器になる**こと請け合い。今後の家庭円満のためだけでなく、会社の女性社員たちとのちょっとした会話にも役立つという特典付きですから、身に付けないのは絶対に損です。

子どもと遊べないお父さん

父親向けの講演や父親学級などでお父さんたちと接していて感じるのは、世代によって父親像が違うことです。20～30代の若いお父さんは、子育ても自分のこととして自然に受け入れています。子どもとよく遊ぶし、お母さんのサポートも積極的にします。

一方、40代以降のお父さんは、子どもと遊んでいないと振り返る方が多い。仕事が忙しいことも理由でしょうが、自分自身が、父親に遊んでもらった経験が少ないため、遊び方が分からないというケースが多いのです。

しかし、ぜひお父さんには子どもと大いに遊んでほしいものです。その理由の一つは、お父さんが子どもと遊ぶことで、お母さんが喜ぶ。つまり、子どもにとっての母親像をよくできるからです。

そして、もう一つは、お母さんにはできない遊びがお父さんにはできるからです。特に、我が子が息子の場合、同性であるお父さんの出番です。

たとえば、幼少期に怪獣ごっこをしても、お母さんでは「ガオー」と襲いかかっても、かわいい怪獣になってしまいます。怪獣の迫力が出せるのはお父さんだけです。小学校に入ってからも、戦いごっこ、相撲、プロレスなど、男親は体を張って子どもと遊べます。まさに、男同士の勝負です。相撲を取っていて、最後は机の角に頭をぶつけて子どもが大泣きして終わり、といった顚末《てんまつ》になることもしばしばです。そんな時、お母さんは「バカねえ」と呆れますが、男同士の遊びは、それでいいのです。体を張った遊びから、子どもはオスの本能を伸ばせるからです。

ところが、お父さんが遊んであげないと、お母さんは戦いのない、ぶつかり合いのない場所で子どもを育てようとします。男の子の荒っぽいところが目に余ると、ママにとって都合のいい子にしようと、カブトムシの角を折るように、やんちゃな男の子らしさを取り除いてしまいます。

こうして育つと、青年期を迎えた時に、副作用が出ます。角のないまま育ったカブトムシは、思春期になっても、度胸がなくて女の子と付き合えません。去勢され、戦いの精神もないから、学校で嫌なことがあると逃げ帰ってくる。ひどくなると、ひきこもってしまう。どうしてこんなことに……と、お母さんは悔やみますが、**オスの角を折ったのはお母さん**です。そして、**折らなくてはならないようにしたのは、子どもとかかわらなかったお父さん**です。

花まる学習会では、親子で遊べるいろいろなイベントを企画しています。その中でも人気なのが、上野公園で行う「不忍《しのばず》探偵団」や、最近では「スカイツリー探偵団」という父子で参加できるイベントです。

お父さんと子どもが探偵チームになり、宝物を見つけ出したり、謎解きをしていくのがルールです。地図や写真といったヒントを事前に渡し、ゲームスタート。お父さんたちはみな必死です。

地図を見るのが得意なパパが多いですから、「こっちの方角だ」と、子どもに熱く語りかけ、もう子どもはお父さんに羨望《せんぼう》の眼差しを送っています。そんな父子を、お母さんが微笑ましく見守ります。地下鉄の路線図をヒントに同じ遊びをした時などは、鉄道マニアのお父さんが大活躍。息子は言うまでもなく、「お父さん、すげー」と目を輝かせていました。

ですから、腕力は弱いけれど、頭脳プレーが得意とか、逆のパターンもありですが、お父さんは自分の得意分野で子どもと遊び切れるといいのです。

そういうかかわりが父子関係の土台にあると、息子が思春期に入って、無口になり、哲学などを始めた時も、付き合えるお父さんになれます。「家族ってなぜ必要？」「どうして働くんだ？」といった思春期特有の哲学に、「おまえもそういうことを考える年になったか。お父さんもそうだったよ」と、話しかける父親を、自然に息子は受け入れられます。これまで、触れ合い、ぶつかり合ってきた歴史があるからです。

しかし、子どもと遊んでこなかったお父さんが、突然、息子にアドバイスをしても「うっせー」と跳ねのけられてしまうのがオチです。

頼りになる父親像を身近に感じられなかった息子は、優しいけれど弱い大人になりがちです。そして、このタイプの大人が今、世の中には溢れています。

自立できる大人に育てるためにも、お父さんは子ども、特に息子との遊び時間を作ってほしいものです。

子に不自由体験をさせられるのは、お父さんだけ

かれこれ20年以上前に、花まる学習会を立ち上げたばかりの頃、私は野外学習の大切さを感じ、第1回目のサマーキャンプを企画しました。当時30代で、青臭かった私は、塾生のお母さんたちを集めた説明会で、生きる力を育てるために、いかに野外学習が必要かを熱く訴えたものです。

塾生が20人集まらないと、バスがチャーターできないこともあり、とにかく必死でした。そんな熱意を、お母さん方は汲み取ってくれたのでしょう。「先生がそこまで言うなら」という感じで、理解を示してくれたようでした。

ところが、全身全霊で熱弁を振るい、最後に「何か質問は?」と尋ねたところ、1人のお母さんが、すっと手を上げ、何の迷いもなくこう尋ねたのです。「長袖はいりますか?」。

私としては、生きる力を育てる壮大な計画を熱く語った直後だったもので、お母さんの質問に拍子抜けしてしまったのですが、あとから考えると、このエピソードこそ、お母さんの本質を物語っているように思えました。お母さんとは、子どもが寒くないか、

お腹を空かせていないかと、絶えず気にかかってしまうのです。つまり、**お母さんは子どもに不自由な思いをさせたくない生き物**なのです。

しかし、子どもが不自由さを感じないまま成長すると、どうなるでしょう。忍耐力が養われません。**人生とは、思い通りにならないもの。不自由なことの連続です。**我慢しなくては乗り切れないことだらけです。それなのに、乗り越える力が備わっていないと、子どもは試練を避けるようになります。豊かさの病と言えるでしょう。

そこで、お父さんの出番です。たとえばキャンプに行って、不自由体験をさせる。水も汲みに行かないとない。夜もでこぼこな地面に毛布を1枚敷いて寝る。虫は這ってくる。風呂にも入れないから、汗で洋服はベタベタする。不自由この上ない環境を経験することで、子どもは我慢することを覚えます。また、水道がないなら水をどうやって効率的に汲めばいいか、地面がでこぼこで眠れなかったら、どうすれば寝やすくなるか、父の姿を見ながら知恵を学びます。蛇口をひねれば水道が出る。スイッチ一つでエアコンが付く。そんな快適な生活からは生まれない、知恵や忍耐力を身に付けられるのです。これらの不自由体験は、子どもの成長過程に欠かせない体験です。

こういった体験を積んでいる子は、お母さん主導で育てられたミニ優等生のような子を、成績面でも一気に抜いていくものです。

ですから、馬力のある子を育てるためにも、お父さんは不自由さを感じたり、我慢が必要な体験を子どもにさせてください。それは、キャンプに限らず、欲しいものをすぐに買い与えないことなどにもあてはまります。

欲しいものが手に入れば、子どもは笑顔を見せます。親もお金を使うだけで愛情を伝えられれば楽です。しかし、「これ（物）でお願いね」という**短絡的な愛情表現は、子どもに見抜かれます。**

ものをねだられても、必要ないと思えば、叱ってでも買わない。親の毅然とした態度は、愛情として必ず子どもに伝わります。

本当の意味で子どもの人生を豊かにするためにも、**与えない勇気をお父さんには持ってもらいたい**と思います。

父親にできる中学受験サポート術……………

地雷を踏むお父さんの一言

子どもが中学受験をすることで、ご夫婦が揉めるケースがあります。多くの場合、その原因はお父さんの一言から始まります。

5～6年生になると、受験勉強もハードになってきます。毎日のように塾に通い、帰宅後も勉強漬けの我が子を不憫《ふびん》に思い、お父さんはぽつりと子どもに漏らします。「おまえも、大変だなあ」。この一言がお母さんの逆鱗《げきりん》に触れます。

お母さんとしては、日々の「塾弁」作りや、健康管理、スケジュール管理など、それこそ一心に伴走しています。その努力を認めないどころか、まるで子どもが被害者ともとれる夫の一言。「あなたは何もしてないくせに！」と、妻は怒り心頭になります。

当然、夫婦関係はぎくしゃくして、家庭内は険悪なムードになります。すると、子どもは迷い始めます。**お母さんは頑張れと言うが、お父さんは同情している。大好きなお**

母さん、社会的に優れているお父さん、どちらの言葉が正しいのかと。

中学受験は過酷です。迷っていては戦えません。

では、なぜお父さんは子どもに同情的な発言をしてしまうのでしょう。

多くの場合、中学受験の話を最初に持ちかけるのは、お母さんです。小学校のお母さん同士のネットワークで受験の情報が入り、母親として我が子の将来を考え、中学受験に気持ちが傾いていくわけです。この時、相談を受けたお父さんが、自身も中学受験が必要だと確信していれば、先々で大きな軌道修正は必要ありません。ところが、お父さん自身が、地方の県立進学校などの出身で、それなりの大学を卒業していると、中学受験に関心が持てないことがほとんどです。

それでも、お母さんの意気込みに押され、**「じゃあ、やれば」と承諾ともとれる中途半端な返事をお父さんがすると、先々で問題が起こりやすくなります。**そう、「おまえも大変だな」発言をして、我が子の努力に水を差し、妻の逆鱗に触れてしまうのです。

受験期のお母さんは、お父さんが無関心でいることに最も腹が立ちます。他人事のように「おまえも大変だな」と言ってみたり、「よくやるなあ」といった冷めた目で妻を見たり、「入れ込んじゃって」などと揶揄《やゆ》された日には、もう夫婦決別です。

だからこそ、事前に中学受験をどうするかの話し合いを、夫婦間で徹底的にすることが必要なのです。

長年、塾生を見てきた経験から言うと、中学受験をしても、高校受験からでも、どちらも変わらない。それが私の結論です。主体的に、勉強も、部活も、遊びも打ち込めるような子に育っていれば、どの方向から行っても大丈夫。希望する大学に入り、立派な社会人になっています。ですから、肝心なのは、中学受験をする、しない、ではなく、どちらの道を選ぶにせよ、夫婦で確実に意見を一致させておくことです。

中学受験を決めたなら、たとえどんなに苦しくても、我が子に頑張り切らせる。小学6年生の夏あたりで、中学受験より高校受験のほうが適していると、塾の先生や両親が判断したら、高校受験に切り替える。切り替えたら、二度と振り返らない。

お父さんとお母さんがブレなければ、子どもは厳しい受験勉強にも立ち向かえます。途中で受験を辞めることになっても傷付きません。

そのためにも、お父さんとお母さんは、徹底的に話し合い、考えを1つにしておく。

一枚岩であることこそ、子どものための鉄板の掟《おきて》です。

産後クライシスより怖い、中学受験クライシス

お父さんの役割は、我が子にとっての母親像をいいものにすることです。中学受験をすると決めたなら、お父さんは協力する姿勢を見せたほうがいいでしょう。

勉強を見てあげることもできます。男性は女性に比べ、時間軸をしっかり持てるので、学校見学に付き合うのもおすすめです。今の我が子、今の成績というように、現時点を起点に考えてしまうお母さんに比べ、６年後、10年後を想定して、長いスパンで学校の向き不向きを判断できるのがお父さんだからです。

物事の捉え方が、お父さんとお母さんとで違っても、我が子のための議論なら、お母さんも納得して話を聞いてくれるものです。

しかし、このようにお父さんが協力的であっても、すべてが上手くいくとは限りません。受験も追い込み期に入る、**６年生の12月、１月あたりに、お母さんは憑き物につかれた状態になってしまう**のです。この時期に入ると、もはや、何を言っても、言い返さ

れるほど、お父さんは当たりどころにされます。

仕事で疲れているのに、妻にまでサンドバッグにされ、夫はうんざりします。しかし、ここが夫婦の正念場。どう乗り切るかが、今後の明暗を分けます。

産後クライシスという言葉をご存知でしょうか。直訳すると、「産後の危機」。産後、乳飲み子を抱えた妻は、髪を振り乱して育児をしています。この時、夫が妻をサポートしないと、妻は長く根に持ちます。たとえ夫は手伝ったつもりでいても、妻が「手伝ってもらった」と認識していなければ、これをきっかけに信頼関係は壊れ、修復が難しい状態になってしまう。これを産後クライシスといいます。

それなりに育児に協力したつもりの夫としては、寝耳に水です。しかし、新生児を抱えた妻は、神経がとがっています。ふつうの精神状態ではありません。だから、よほどきめ細やかに対応しないと、夫の誠意は伝わりにくいものです。

同様の現象が、中学受験でも起こりがちです。受験がラストスパートに入り、妻がただならぬ精神状態になった時こそ、妻の心配や不安を夫は受け止めたいものです。

それこそ、先に述べた「妻への作法」の出番です。中学受験が無事に終わっても、

「中学受験クライシス」で夫婦関係が壊れては、身もふたもありませんから。

お父さんは「かわいげボックス」に入ろう

とはいえ、なかなか妻の気持ちに寄り添えないお父さんもいるでしょう。妻の話は夫にとって興味の持てないものが大半です。付き合ってなどいられない、それが本音でしょう。しかし、夫が家庭内で妻の話に耳を貸さないと、先々で苦い思いをするものだと、これまで目にしてきた経験から思います。

一例を挙げると、超難関男子校出身のエリート夫に、この傾向が強く見られます。男子校のエリート校育ちの彼らは、論理を競い合い、意味のあることだけをやって育った傾向が強い。そのため、妻の気持ちを察したり、妻が話すことに意味を見出しにくいのでしょう。妻から「今日、学校見学に行って、まあ、いい学校なんだけど、駅から少し遠くて、それで……」といった話を聞かされても、**「結論から言ってくれない?」と、切って捨てるように言ってしまいがちです。**けれど、このパターンで中学受験期を過ごしては、中学受験クライシスに陥ること間違いなしです。その先に待っているのは、冷めた結婚生活と、子どもが巣立った後の熟年離婚。そうならないためにも、男性には「かわいげボックス」に入ることをおすすめします。

男性は、誇り高き生き物です。男の沽券《こけん》もあります。社会でバリバリ働き、妻子を養っているのですから、プライドを持っていて当然です。しかし、男のプライドと、円満な家庭生活を天秤にかけた時、どちらを選びますか？　言い方を換えると、男のプライドにこだわり、家庭生活が破綻しては、それこそ意味がないと思うのです。

そこで、「かわいげボックス」です。これは私が名付けた表現ですが、要は、周囲、特に女性からかわいがられる男性になりましょうという意味です。

たとえば、「かわいげボックス」に入れる人はこういうタイプです。会社などで女性社員から好感を持たれるために、髪型や服装をそれとなく褒めることはお約束です。

ところが、「髪型、変わった？」とせっかく声をかけたのに、「変えていませんけど」と女性社員から言い返されてしまった。この時、プライドを守るために、取り繕《つくろ》うのではなく、「やっぱオレ、こういうの苦手なんだよな」とサラッと言えるタイプ。さじ加減が大事なのですが、このように**「トホホなオレ」をごくサラリと演出できると、女性**

は男性を憎からず思えます。憎からず思える男性を、女性は応援します。職場で反感を持たれず、困った時は「仕方ないわね」と助けてくれたりします。ですから、仕事のできる男性ほど、「かわいげボックス」に入っているものです。

これは、家庭でも応用できます。

受験期は、妻の苛々が限界に達しています。夫が正論をぶつけても、良い結果は期待できません。こんな時こそ、夫は「かわいげボックス」に入ってください。

妻が疲れているようだったら、トイレ掃除も買って出ます。ピカピカにトイレを磨き上げ、得意顔で妻に報告しても、妻は褒めてくれるどころか、「ついでにリビングもやっといて」などと、微妙に意地悪の入った対応をしてきます。内心、夫はムッとします。「ふざけるな」と言いたい心境ですが、こんな時こそ、「かわいげボックス」に入れるか否かの分かれ道です。「まったく、俺って応用が利かないよな」などと、ポツリと言って、せっせとリビングに掃除機をかけ始めれば、「ほんとよ」と毒づきながらも、妻は夫の背中を微笑ましく見守るものです。

慣れるまでは、腹の立つことも多いでしょう。しかし、**妻や子どもたちから、「憎め**

ない存在」と思われることは、ほかでもない、自分のためです。強い夫、完璧な父親という縛りを取り、あえて弱点をさらせば、夫自身が楽になるからです。

自分の幸せのためにも、「かわいげボックス」に入って、その居心地の良さを確認してみてください。妻の話にうわの空で相槌を打って、聞いていないことがバレても許されるようにさえなります。その解放される境地を目指しましょう。

夫の「逃げない姿勢」が家族の未来を明るくする

中学受験を通して得られるものは、我が子の合格だけでしょうか？　お父さん自身にも大きな収穫があるのではないでしょうか。

書いてきたように、受験期の妻は、精神的にいっぱいいっぱいです。これまでも、嫁姑問題や、ママ友バトル、子育てのことなどで、妻の荒れた状態は、たびたび目にしてきたでしょうが、受験期の妻の不安モードは、それらの比ではありません。

夫としては、さわらぬ神にたたりなしとばかりに、逃げ腰で火種を回避したくなるものです。しかし、ここで逃げないことが、のちに大きな収穫となります。

むろん、逃げないということは、燃え盛る火の中に飛び込んでいくようなもの。大やけどをするでしょう。

妻に気を遣って、「よく頑張っているね」と好意的に声をかけても、受験期の妻にとっては、その一言すら地雷になるため、「何も分かってないくせに」と、突っかかってきます。「疲れてるんじゃない？」などと言おうものなら、「疲れてるわよ！　当たり前じゃない」と激しく畳みかけてきたりもします。覚えていないような過去の話まで、芋づる式に出してきて、夫を責め立てることもあります。**要は、夫が何を言っても裏目に出てしまうのです。**

この時、いつもなら、「もういいよ」と、夫はそそくさと逃げます。しかし、**この夫が遠ざかる感じが、妻はもっとも嫌なのです。**妻が突っかかってきた時こそ、受け入れ時です。

ですから、「どんどん言いな」「思う存分吐き出せよ」といった姿勢で、しっかり妻と向き合ってください。妻は激しく突っかかってきます。これでもか、というくらいに暴言も吐くでしょう。それでも、ただただ受け止めてください。

妻が言いたいことを言い終えたタイミングで、「俺だって、一生懸命わかろうと思っているよ」といったことを、夫がポンと口にする。そうすると、**吐き出し終えている妻の心に、すっと夫の言葉が入ります。**夫と分かり合えている、通じ合えているという気持ちを妻は持ちやすいものです。

妻の不安定な期間は、永遠ではありません。中学受験が終われば、あっさり「あの時の私、どうかしてたわ」と笑って振り返ります。近くで子どもを支える母親の精神状態はそれほど大変なものなのです。

そして、冷静に戻った妻は、こうも思います。「あなたが逃げずに受け止め続けてくれたから、みんなで頑張れた」と。つまり、「あの時あなたがいてくれたから」と言われるか、「あの時のあなたは最悪だった」と言われるか、分かれ道でもあるのです。

一番大事なのは家族であるはず。中学受験は夫婦の絆、ひいては家族の絆を強くする絶好のチャンスです。

仕事が終わって家族のもとに帰るのが楽しみ、そう思える家庭を築くためにも、何より、和気あいあいとした家庭で、我が子を育てるためにも、お父さんは中学受験を家族再生のチャンスと捉えてください。

＊講演「父親だからできること」参加者の感想から……………

仕事の忙しさを言い訳にして、子どものことを妻任せにしてしまうことが多かったが（自分の父親もそうだったので）、母親の心の安定のためにも、父親のさまざまな場面での役割が大切だと気付かされた。優しい父親を演じていたことも反省。夫婦でよく話し合って、しっかりした基準のある家庭を作っていきたい（年長・男子の父親）。

先生のお話を聞きながら、自分の家庭に照らし合わせてみて、思い当たる点がいくつかありました。自分では意識をしているつもりでも、妻や子どもから見てどう感じるかを再度考え、対処していくことが大切だと思いました。家族のあり方、時間の過ごし方を改めて考え直す良い機会を与えていただき感謝しております（小１・男子の父親）。

実話に基づいた話で、非常にリアルに聞かせていただきました。本日の話は、頭では分かっていたこともありましたが、それが大きな影響を子どもに与えることを実感できたことは、有意義だったと思います。また今日の話は、日常はそうなってしまうと思うことばかりで、今後の生活の中で気を付けなければならないと思いました。もう一度、父親として何をすべきか考えていきたいと思います（小2・女子の父親）。

お話を聞き、妻との会話を思い出しました。いつも「うるさいなあ」と思うことが多く、煩わしく感じていましたが、もう少しちゃんと聞き、特に子育ての話を理解しようと思いました。父親として子どもにしてあげられることをよく考え、いい家庭でいられるよう、行動していきたいと思います。特に野外での活動は、妻ではできないので、外で頑張って父親のいいところを見せたいです（小2・女子の父親）。

単に合格させるだけでなく、子どもが成長して、社会で生きていける力を養うこととまで考えて教育されているとうかがい、感銘を受けました。子どもの教育には自分なりに試行錯誤しながら取り組んでいましたが、今回、自分のやってきたことのいいところ、悪いところについて話をうかがうことができ、ありがたく思っています（小５・男子の父親）。

おわりに

一生使える勉強法

中学受験は親子ともども負担を強いられ、費用もかかります。遊び時間や家族だんらんの時間も削られ、犠牲にすることも多く出てくるでしょう。しかも、必ず志望校に合格するとは限りません。

それでも挑むメリットがあるかをよく考えてほしい、ということは本書の始めにも書きました。

正直なところ、中学受験をさせる動機が、最初は親の見栄やコンプレックス解消のためだったという方もいるでしょう。しかし、ここまでに述べてきたように、難関中学への合格や、将来、東大などの優秀な大学に合格することが中学受験の最終目的ではありません。

私が考えることは、ずばり子どもたちが「将来、自分の力で食べていける」ようになること。その土台作りを、中学受験を通してできればいいと思うのです。

むろん、中学受験をしなくても、自分の力で食べていける道はあるでしょう。けれど、ゴールデンエイジと呼ばれる中学受験の準備期間は、吸収力が抜群です。この時期に徹底的に勉強したおかげで、社会人になってからも「あの頃の貯金で生きています」という人もいるほどです。社会人になると、昇格や資格取得など能力を高めるための勉強法に関心がいきます。

しかし、大人になってから懸命に新たな勉強法を身に付けようとしなくても、中学受験の時期に正しい学習法を体得しておけば、それは生涯にわたり使えます。言い換えれば、一生ものの勉強法が身に付くほど、この時期に、質の良い教育を注ぐことは有意義なのです。

精神的にも大きく成長

中学受験の勉強は、楽しいだけではありません。6年生の追い込みに入った時期など、過酷とも思える勉強漬けの毎日を送ります。我が子が必死に机に向かう背中を見ていると、親は胸が締め付けられることでしょう。ここまでさせていいのかと、いたたまれない気持ちにもなります。

しかし、高いハードルを乗り越えることで、子どもは学力以外にも、多くのことを体得します。

東大生にアンケートをとったところ、特徴として「粘り強さ」がありました。困難にあってもあきらめない、自分でやり切る力があることを指します。

この粘り強さ、やり切る力は、中学受験でも確実に育ちます。

中学受験で難問と向き合う子どもたちは、粘り強さを求められます。解けるまであきらめない。解けた時の喜びを知る。その積み重ねで、実力を付けていきます。

粘り強さは先々でも求められます。たとえば、中学生になって、数学で証明の単元が出てくると、多くの子が苦手意識を持ちます。なぜかと言うと、答えを早く出そうとする人生を歩んできた子は、証明なんか面倒くさいと感じてしまうからです。一方、理詰めで考えることや、できた時のすっきりする感覚を知っている子は、粘り強く問題と向き合えます。そういう子は、証明も大好きです。

これら解き進む力、やると決めたら最後まで絶対にやり抜く意志の強さは、頭がいい、悪いではなく、精神力の領域です。大げさな言い方かもしれませんが、生き方の問題なのです。

ご存知のように、人生はうまくいかないことの連続です。仕事に人間関係にと、試練は付きものです。しかし、勉強を通して、粘り強さや、やり切る力を体得した子は、**大人になって困難と直面しても、それを乗り越えていく基礎体力を持っています。**

今の時代、ニートや引きこもり人口の多さが物語るように、大人になっても親を必要とする子どもが大勢います。「自分でメシが食える大人」になることが、意外にも高いハードルになっているのです。ですから、親ができることは、その力を育てることではないでしょうか。中学受験は、その足掛かりになると考えられます。

社会に出て、かわいがられる大人に

情報処理能力や段取り力なども、中学受験を経験した子は優れています。入試時間は1教科40~50分です。その中で、膨大な量の問題を、解ける問題、捨てる問題と瞬時に情報を仕分けし、1秒の無駄もないよう段取りよく解き進めていく。わずか12歳にして、大人もかなわないほどの能力が育ちます。

また、成績がメキメキ伸びる子の特徴として、素直さも挙げられるでしょう。素直な子は、教えたことをスッと取り入れ、勉強の仕方を改善したり、やるべきことを約束した期日までに仕上げてきます。新しいことを受け入れ、挑戦するフットワークが軽いのです。**素直な子は、苦手なことを要求されても、逃げずに受け入れます。**たとえ失敗しても、できるまで続けます。

教え子である、ある女の子（年齢的に女性と言ったほうがいいですね）も、抜群の「素直力」がありました。

彼女はお茶の水女子大学附属高校に現役合格した才媛です。小学校時代からの教え子ですが、天才肌の生徒と違い、コツコツと努力を重ねるタイプでした。派手さはないが、着実に勉強を自分のものにしていき、志望高校に合格しました。

そんな彼女に、後輩の受験生を前に、合格体験談を語ってもらった時のことです。「ケアレスミスを防ぐにはどうしたらいいですか？」という後輩の質問に、彼女はこう答えたのです。「試験のたびに緊張するので、私は最後までケアレスミスを防げませんでした」と。金言だと思いました。人間とはそもそも、ミスをするもの。彼女もどうしてもミスを防げないと悟った。ならば、ミスをしても合格できる力を付けるべく、人の何倍も勉強をして学力を付けてきたのでしょう。それこそ、「何をして息抜きしますか?」という後輩の質問に、しばらく考え、「少し簡単な問題を解くことです」と答えるほどの実直さで。

このように、素直な子は、苦手なことを着実に克服していきます。

この力は、社会に出てからも、大いに役立ちます。素直に人の話を聞ければ、仕事の飲み込みも早い。何より、上司や同僚からかわいがられます。人間、かわいがられてナンボです。**かわいがられる人は、縁やチャンスにも恵まれ、親から離れても、困った時には周りの人に助けてもらえる。**いわゆる運のいい人になれるものです。

親は我が子に、自分より豊かな人生を歩んでほしいと願います。中学受験の学びを通して、その種が蒔《ま》かれると言えるのではないでしょうか。

「合格ノムコウ」にあるもの

塾の経営者である私は、本業の傍ら、親御さん向けの講演会で日本全国を飛び回っています。中でも、公立小学校のPTA主催の講演に呼んでいただく機会が数多くあります。なぜ、塾の経営者が公立小学校に呼ばれるのか、不思議に思う方もいるでしょう。それは、お母さんに向けた講演内容が、ありがたいことに多くの共感を集め、その評判が長い歳月をかけ口コミで広がったことも一因です。

また、親は過干渉にならないようにといった、学校関係者では言いにくいことを、講演の場で私が代弁して伝えていることも理由でしょう。が、何より、我が子に「生きる力」をつけ、「メシの食える大人」に育てるというメッセージが、多くの親御さんの心に届いているからだと思います。

中学受験の道のりは、楽しいことより、むしろ、つらいこと、苦しいことの連続です。しかし、平たんな道ではないからこそ、その道中でかけがえのないものを得られます。中学受験を乗り切った我が子は、生き抜く力の土台ができ、なりたい大人への確かな一歩を踏み出せるのです。

「苦しかったけど、やって良かった」、そう語る、一回りたくましくなった我が子に、親は「やらせて良かった」と確信できる。親も子も、「いい受験だった」と振り返れると思うのです。

合格ノムコウを見つめ続ける。長く生きて、多くの経験をしてきたからこそできる、親の役割だと思います。

最後に、この本は講演に何度も足を運び、私の話を丹念にインタビューして文章に起こしてくださった中山み登りさんとＰＨＰ研究所の堀井紀公子さん、お二人の力があってこそ形になりました。お二人からは、いつも温かい気持ちを感じました。ありがとうございました。

高濱正伸

２０１３年４月

執筆協力

山本晃平（スクールＦＣ）
中山み登り

PHP新書
PHP INTERFACE
http://www.php.co.jp/

高濱正伸［たかはま・まさのぶ］

花まる学習会代表。1959年、熊本県人吉市生まれ。熊本高等学校卒業後、東京大学理科二類入学。同大学院修士課程修了。1993年、「数理的思考力」「国語力」「野外体験」を柱とした学習教室「花まる学習会」を設立。ひきこもりや不登校児の教育も同時に開始。1995年に小学4年生から中学3年生対象の進学塾「スクールFC」を設立。算数オリンピック委員会理事。『お母さんのための「男の子」の育て方』（実務教育出版）、『夫は犬だと思えばいい。』（集英社）、『伸び続ける子が育つお母さんの習慣』（青春出版社）など著書多数。

中学受験に失敗しない

PHP新書 858

二〇一三年五月二日　第一版第一刷

著者――高濱正伸
発行者――小林成彦
発行所――株式会社PHP研究所
東京本部――〒102-8331　千代田区一番町21
新書出版部 ☎03-3239-6298（編集）
普及一部 ☎03-3239-6233（販売）
京都本部――〒601-8411　京都市南区西九条北ノ内町11
組版――朝日メディアインターナショナル株式会社
装幀者――芦澤泰偉＋児崎雅淑
印刷所
製本所――図書印刷株式会社

ISBN978-4-569-81151-2

ＰＨＰ新書刊行にあたって

「繁栄を通じて平和と幸福を」(PEACE and HAPPINESS through PROSPERITY)の願いのもと、ＰＨＰ研究所が創設されて今年で五十周年を迎えます。その歩みは、日本人が先の戦争を乗り越え、並々ならぬ努力を続けて、今日の繁栄を築き上げてきた軌跡に重なります。

しかし、平和で豊かな生活を手にした現在、多くの日本人は、自分が何のために生きているのか、どのように生きていきたいのかを、見失いつつあるように思われます。そして、その間にも、日本国内や世界のみならず地球規模での大きな変化が日々生起し、解決すべき問題となって私たちのもとに押し寄せてきます。

このような時代に人生の確かな価値を見出し、生きる喜びに満ちあふれた社会を実現するために、いま何が求められているのでしょうか。それは、先達が培ってきた知恵を紡ぎ直すこと、その上で自分たち一人一人がおかれた現実と進むべき未来について丹念に考えていくこと以外にはありません。

その営みは、単なる知識に終わらない深い思索へ、そしてよく生きるための哲学への旅でもあります。弊所が創設五十周年を迎えましたのを機に、ＰＨＰ新書を創刊し、この新たな旅を読者と共に歩んでいきたいと思っています。多くの読者の共感と支援を心よりお願いいたします。

一九九六年十月

ＰＨＰ研究所

675 中学受験に合格する子の親がしていること　小林公夫
678 世代間格差ってなんだ
城 繁幸／小黒一正／高橋亮平
681 スウェーデンはなぜ強いのか　北岡孝義
687 生み出す力　西澤潤一
692 女性の幸福［仕事編］　坂東眞理子
693 29歳でクビになる人、残る人　菊原智明
694 就活のしきたり　石渡嶺司
706 日本はスウェーデンになるべきか　高岡 望
720 格差と貧困のないデンマーク　千葉忠夫
739 20代からはじめる社会貢献　小暮真久
741 本物の医師になれる人、なれない人　小林公夫
751 日本人として読んでおきたい保守の名著　潮 匡人
753 日本人の心はなぜ強かったのか　齋藤 孝
764 地産地消のエネルギー革命　黒岩祐治
766 やすらかな死を迎えるためにしておくべきこと　大野竜三
769 学者になるか、起業家になるか　城戸淳二／坂本桂一
780 幸せな小国オランダの智慧　紺野 登
783 原発「危険神話」の崩壊　池田信夫
786 新聞・テレビはなぜ平気で「ウソ」をつくのか　上杉 隆
789 「勉強しろ」と言わずに子供を勉強させる言葉　小林公夫
792 「日本」を捨てよ　苫米地英人
798 日本人の美徳を育てた「修身」の教科書　金谷俊一郎
816 なぜ風が吹くと電車は止まるのか　梅原 淳
817 迷い婚と悟り婚　島田雅彦
818 若者、バカ者、よそ者　真壁昭夫
819 日本のリアル　養老孟司
823 となりの闇社会　一橋文哉
828 ハッカーの手口　岡嶋裕史
829 頼れない国でどう生きようか　加藤嘉一／古市憲寿
830 感情労働シンドローム　岸本裕紀子
831 原発難民　烏賀陽弘道
832 スポーツの世界は学歴社会　橘木俊詔／齋藤隆志
839 50歳からの孤独と結婚　金澤 匠
840 日本の怖い数字　佐藤 拓
847 子どもの問題　いかに解決するか
岡田尊司／魚住絹代
854 女子校力　杉浦由美子
857 大津中2いじめ自殺　共同通信大阪社会部

PHP新書

［社会・教育］